Vorträge,

gehalten

im Berliner Handwerkerverein.

Von

Ehrenreich Eichholz.

Springer—Verlag Berlin Heidelberg GmbH
1845

ISBN 978-3-642-51246-9   ISBN 978-3-642-51365-7 (eBook)
DOI 10.1007/978-3-642-51365-7
Softcover reprint of the hardcover 1st edition 1845

Vorwort.

Der Adel und die Beamten haben ihre Kaffino's, der Kaufmann seine Reffourcen, der Gelehrte seine Klubs; endlich verläßt der Handwerker auch die Tabagien, Bier=häuser und Schnapskneipen, um seine Vereine zu grün=den. Das ist das Zeichen eines großen Schrittes, den wir auf der Bahn unserer Volksentwickelung gethan haben. Es ist in diesem Schritt, bewußt oder unbe=wußt, die Einsicht ausgesprochen, daß das Bürgerthum zu der breiten, sicheren Grundlage herangebildet werden muß, auf welcher sich die Zukunft unseres Vaterlandes stützen wird. Daher auch der Unterschied zwischen den Gesellschaften jener bevorzugten Stände und den Hand=werkervereinen. Dort will man sich amüsiren: man gähnt und dehnt sich in langweiliger Gespreiztheit, mit dem kargen Troste, daß man unter Seinesgleichen sei; hier will man sich belehren und veredeln: man findet Freude in der Belehrung, Freude in der offenen, herz=lichen, echt menschlichen Geselligkeit.

Die Handwerkervereine haben eine größere Le=bensfähigkeit, als alle übrigen Gesellschaften der Art; denn in ihnen sind alle Stände und alle Kräfte der Nation zur lebendigen Wechselwirkung verbunden. Der Soldat und der Kaufmann, der Handwerker und Beamte, der Künstler und Gelehrte streben hier nach

demselben Ziel — der Kräftigung ihrer selbst und An=
derer in Allem, was gut ist. Denn in diesem Verein
darf sich Niemand für so weise und so gut halten, daß
er nur geben und nicht auch empfangen könnte; hier
ist es zum Bewußtsein gekommen, daß die höchste Tüch=
tigkeit der Einsichten und der Sitte nicht in einem
Stande ruhe, sondern nur von allen Ständen des gan=
zen Volkes vertreten werde, daß also Jeder von dem
Anderen lernen könne.

Die Vorträge, welche ich in dem Berliner Hand=
werkerverein gehalten habe, der Oeffentlichkeit zu über=
geben, bestimmt mich eine doppelte Rücksicht: ich glaube,
daß dieselben eine Wirksamkeit auch in weiteren Kreisen
üben können, als in dem, für welchen sie ursprünglich
bestimmt waren; und ich hoffe zugleich, durch dieselben
dem Verein Freunde zu gewinnen. Derer bedarf der
Verein gar sehr; denn es fehlt ihm auch nicht an
Feinden von der Rechten und von der Linken. Und
er selbst ist noch eine junge, zarte Pflanze, die sorgsam
gehegt und gepflegt werden muß, um zu einem kräfti=
gen Stamme zu erwachsen, dessen starke Aeste ihre
schützenden Arme über unsere Volksbildung ausbreiten.
Denn Das ist vor Allem die Aufgabe der Handwer=
kervereine, die sittlichen und geistige Kräfte, welche die
Schule angeregt, im Handwerkerstande zu erhalten, wei=
ter zu entwickeln und zu veredeln. Davon, wie Das
geschieht, ein Zeugniß abzulegen, hätte ich freilich den
bedeutenderen Kräften des Vereins überlassen können:
aber ich habe Grund, mich hervorzudrängen. Bei mei=
nen Vorträgen nämlich ist mir der Stoff und die Mit=
theilung desselben mehr oder weniger gleichgültig gewe=
sen: den ganzen Nachdruck habe ich auf die Tendenz
gelegt. Bei allen meinen Vorträgen habe ich dasselbe
Ziel verfolgt: zur Selbstständigkeit in Wort und That
aufzufordern, damit in die Stelle hergebrachter Urtheile
und Vorurtheile der bewußte Gedanke trete. Denn nicht

Dreſſur, ſondern allein der klare Gedanke, zu deſſen Erzeugung das Bewußtſein menſchlicher Würde mitge= wirkt, ſchützt vor dem Verfall in Rohheit und Unſitt= lichkeit. Daß die übrigen Lehrer des Vereins dieſe Anſicht theilen, daran zweifle ich nicht. Aber wie er= freulich auch unter uns die Eintracht und die Einheit des Strebens waltet: keineswegs herrſcht eine tödtliche Gleichheit der Geſinnungen und der Anſichten; jene ver= mitteln ſich vielmehr ſtets neu aus den lebendigen Ge= genſätzen. Ich habe es kein Hehl, daß ich auf der Spitze einer dieſer Gegenſätze ſtehe. Deßhalb aber ſcheinen mir meine Vorträge auch am geeignetſten, um mit Sicherheit aus denſelben zu urtheilen, ob gewiſſe Worte aus dem Jahresbericht des Vereins zur Beförderung chriſtlicher Sitte und Geſelligkeit unter den jungen Männern des Gewerbeſtandes — wirklich unſeren Verein treffen kön= nen. Dieſe Worte lauten: „Gewiſſe Ideen, die auf den Umſturz aller geſelligen (ſoll wohl heißen: geſell= ſchaftlichen?) Verhältniſſe hinzielen — bis dahin, wie es ſchien, das Eigenthum einiger aberwitzigen Köpfe, — haben den Weg in das Volk gefunden und begegnen da unklaren Wünſchen und allerlei böſen Gelüſten. Vereinigungen bilden ſich im Handwerkerſtande, in der Ferne wie in der Nähe; und es ſind Handlanger aller Orten auch unſeres Vaterlandes genug beſchäftigt, um dieſem Werk der Zerſtörung Verbindung, Einheit und Nachdruck zu verleihen.“—Ohne boshafte Inſinuationsſucht, werden jene Worte: „aller Orten unſeres Vaterlandes“ — ſo erklärt: „alſo auch in Berlin, alſo trifft der Angriff Euren Verein, oder den des Herrn Stadtrath Riſch, oder beide zugleich.“ — Iſt dem ſo: dann wäre der Angriff wahrlich nicht offen, nicht männlich; und mit dem Bewußtſein deſſelben würde ich mich, wahrlich! nicht berufen fühlen, chriſtliche Sitte und Geſelligkeit zu fördern.

Wenn meine Vorträge — was ich allerdings

wünschen muß — der Kritik anheimfallen, so bitte ich,
nicht zu vergessen, daß dieselben keinesweges gelehrte
Untersuchungen und tief begründete Erörterungen bieten,
sondern allein in der oben bezeichneten Richtung wir=
ken sollen.   Uebrigens würde es mir am meisten zur
Genugthuung gereichen, wenn meine Worte in den wei=
ten Kreisen des Volkes und namentlich des Handwer=
kerstandes Anklang fänden.

Berlin, den 1sten Juni 1845.

Chr. Eichholz.

Inhalt.

1. Die Entwickelung der Zünfte in Deutschland.

Meine Herren!

Die Frage, ob die Zünfte für das Gedeihen des Gewerbes ersprießlich oder nothwendig sind, berührt Ihr eigenstes Interesse. Ueber seine nächsten Verhältnisse und Beziehungen sollte sich aber jeder Mensch ein Urtheil gewinnen. Wenn ich nun versuche, Ihnen ein Bild von dem Werden und Leben der Zünfte zu entwerfen, so glaube ich Ihnen auch ein Mittel an die Hand zu geben, sich das Urtheil über jene Frage selbst zu bilden.

In den vorchristlichen Zeiten, bei Griechen und Römern war die Ausübung der Handwerke meistens Sache der Sklaven. Die freien Bürger, welche ein Gewerbe betrieben, waren gewöhnlich unseren Fabrikherren gleich: sie leiteten das Geschäft, ohne selbst sich mit der eigentlichen Arbeit zu befassen. Das Christenthum hob zwar die Sklaverei auf, aber in deren Stelle trat die Hörigkeit. Der hörige Mann stand immer noch in strenger Abhängigkeit von seinem Herren, ohne dessen Einwilligung weder er, noch seine Kinder den Ort ihrer Geburt verlassen, noch ein Gewerbe betreiben durften. Die Handwerker in den meisten deutschen Städten waren nun hörige Leute. In den Städten, wo sie frei waren, genossen sie doch selten des vollen Bürgerrechts. Dieses war nur den ältesten städtschen Familien eigen, welche freien Grundbesitz erworben hatten. Es war möglich, aber selten, daß diese ein Handwerk betrieben. Ja in späteren Zeiten forderte man in vielen Städten ausdrücklich, daß Derjenige, welcher in die Zahl der Vollbürger aufgenommen werden wollte, „seine Nahrung nicht mit Handwerk gewinne," sondern die Mittel habe, im „Müßiggange" leben zu können. Das Vorrecht des Müßigganges war aber bei jenen Städtern keineswegs ein so trau-

1

riges, wie in unsern Tagen. Man forderte nämlich die Mittel zum Müßiggange deßhalb, damit der Vollbürger die Zeit und das Vermögen habe, sich in den Waffen zu üben und an der Verwaltung der Stadt Theil zu nehmen. Denn diesen Vollbürgern gelang es zuerst, sich in Gilden zusammen zu schließen, die eine Theilnahme an dem Stadt-Regiment erzwangen.

Diese Gilden waren zur gegenseitigen Ausübung christlicher Bruderliebe theils von Geistlichen selbst gegründet, theils auf deren Anregung entstanden. Als sich in ihnen aber ein politischer Geist zu regen begann, als die Gilden der Vollbürger anfingen, nach größeren bürgerlichen Rechten und nach einer entscheidenden Theilnahme an dem Stadtregiment zu streben: da waren es besonders die geistlichen Herren, welche gegen das Gildenwesen die lautesten Klagen erhoben. Denn es war ihnen verdrüßlich, daß ein Institut, eine Einrichtung, welche sie gegründet, um dieselbe für ihre Zwecke zu benutzen, sich ihren Händen entwinden wollte. Auch sahen sich die geistlichen Herren der Städte, die Erzbischöfe, Bischöfe, Aebte am meisten von dem sich regenden Unabhängigkeitsgeist bedroht; da ihr weltliches Regiment gewöhnlich eben so drückend, als schwach war. Jetzt klagten sie die Gilden an, daß sie zu Trunksucht, Aufruhr, Meineid und Verweigerung der bürgerlichen Pflichten die Veranlassung gäben. Schon im zwölften Jahrhundert wirkten sie bei Kaiser Friedrich Rothbart eine Verordnung gegen die Gilden aus. Aehnliche Verbote wiederholen sich in dem folgenden Jahrhundert; aber sie beweisen nur, wie wirkungslos alle gewesen. Denn in jenen Zeiten gab es weder eine wohleingerichtete Polizei, die das ganze Leben und Treiben des Volkes hätte überwachen, noch stehende Heere, welche den Willen einer zahlreichen Bevölkerung hätten zügeln können. — Hier und dort gelang es freilich den Herren, nicht nur die Gilden zu unterdrücken, sondern auch die Bürger längst und wohlerworbener Rechte wieder zu berauben und die Städte in völlige Abhängigkeit zu bringen. Aber der Unabhängigkeitssinn der Bürger, welcher in den Deutschen jener Zeit noch tief wurzelte, brach sich immer neue Bahnen. Hier gelang es durch friedliche Unterhandlungen, dort durch Gewalt der Waffen, das Joch wieder abzuschütteln, und im Laufe des 13ten Jahrhunderts drangen fast in allen größeren Städten Deutschlands die Vollbürger dahin durch, daß die wichtigsten Gerechtsame, wie die Gerichtsbarkeit, das Münz- und Zollrecht von dem Rath und den Bürgermeistern, welche die Gilden der Vollbürger sich selbst setzten, geübt wurden.

Für den niedrigen Bürgerstand, zu welchem in einigen Städten auch alle Kaufleute gehörten, war aber das Regiment der Vornehmen oft nicht weniger drückend, als das der geistlichen und weltlichen Fürsten gewesen war. Auch war dieser Bürgerstand durch Handel und Gewerbe zu einem Reichthum und einer Bildung gelangt, in welcher er den Herren des Regiments durchaus nicht nachstand, sie wohl selbst übertraf. Wohlstand und Bildung aber machen das natürliche Freiheitsgefühl stets lebendiger. So trat denn auch bei diesen Handwerkern das Streben nach Theilnahme an der Verwaltung des Gemeinwesens ihrer Stadt hervor.

Als Dies geschah, waren die Handwerker meistens schon zu Zünften vereinigt. Auf welche Weise und in welcher Zeit dieser wichtige Schritt in den meisten Städten Deutschlands gethan worden, wissen wir nicht bestimmt. Doch unterliegt es keinem Zweifel, daß die Gilden der Vollbürger das Muster gaben, nach welchem die Zünfte der Handwerker sich bildeten. Wie jene wurden die Zünfte auch bald ein gemeinschaftlicher Haltpunkt gegen den Druck der Herren. Deßhalb wurden sie auch eben so häufig, wie früher die Gilden der Vollbürger, verboten, aber mit demselben Erfolge. Sie bestanden entweder im Geheimen fort, oder traten bei einer günstigen Gelegenheit, wo die Herren vielleicht selbst in der Gefahr der eng verbrüderten Menge bedurften, wieder hervor. Genug, im Laufe des 12ten und 13ten Jahrhunderts gewannen viele Zünfte schon die Bestätigung von ihren Herren, nicht selten, um im Kampfe dieser gegen die Vollbürger benutzt zu werden. Dadurch aber lernten die Handwerker ihre Kraft und Bedeutung kennen, sie traten in den Kreis politischer Bestrebungen ein; und deßhalb beginnt auch sogleich der Kampf der Handwerker um die bürgerliche Gleichstellung mit den Vollbürgern, sobald es diesen gelungen war, sich von den Herren unabhängig zu machen. Im Laufe des 14ten Jahrhunderts erringen denn die größeren Zünfte auch fast in allen Städten Deutschlands ihr Ziel. Die Geschichte aber dieser glücklichen Kämpfe zersplittert sich in so viele Besonderheiten und Einzelnheiten, daß wir auf dieselben unmöglich eingehen können.

Nicht alle Zünfte, wie ich schon andeutete, sahen ihr Streben mit gleichem Erfolge gekrönt. Gewöhnlich drangen nur die Zünfte, deren Gewerbe besonders Reichthum und dadurch Einfluß verschaffte, zur Theilnahme an dem Stadtregiment durch. So wurde in Berlin Rath und Bürgermeister nur von den sogenannten 4 Gewerken besetzt, nämlich von den Bäckern, Schuhmachern, den 46 Knochenhauern (Schlächtern) mit den 3 Wurstmachern und von den Gewandschneidern, d. h. den Tuchhändlern, zu denen auch die Gewand- oder Tuchmacher gehörten; denn diese waren bis zum 30jährigen Kriege wegen ihrer großen Zahl und ihrer Wohlhabenheit hoch angesehen. — Alle übrigen Handwerker bildeten nur Zünfte, Innungen und Gilden und waren von dem Stadtregiment ausgeschlossen. Wenn in Berlin diese Genossenschaften der Vollbürger Gewerke hießen, so wurden sie an andern Orten Stuben, Gesellschaften oder Compagnieen genannt, so wie die Zünfte auch Innungen, Gaffeln oder Aemter hießen. Uebrigens war keineswegs ein für alle Male das Recht der Vollbürger festgestellt; sondern wie es den Zünften häufig gelang, sich zu Stuben zu erheben, so wurden die Stuben auch oft wieder zu Zünften herabgedrückt. In vielen Städten hörte auch endlich der Unterschied ganz auf; indem die Zünfte die Stuben zwangen, ihren Rechten zu entsagen, oder wol selbst die Stuben so aufhoben, daß die Mitglieder derselben sich verschiedenen Zünften anschließen mußten. Daraus können wir entnehmen, daß nicht jede Zunft nur aus Männern desselben Handwerks bestand; nicht selten thaten sich verschiedene Handwerker in eine Zunft zusammen.

Alle Bürger, ohne Ausnahme, waren zur Vertheidigung ihrer Stadt verpflichtet, und zwar bildete jedes Gewerf, Zunft oder Gilde eine besondere Abtheilung des Heeres — die Vollbürger den schwer bewaffneten oder berittenen Theil derselben. Diese wurden auch Glevenbürger genannt, weil sie sich mit einer Gleve d. h. mit einem rittermäßig gerüsteten Mann und mehreren leichter gerüsteten Knechten in's Feld stellten. Die übrigen Bürger, gewöhnlich nur mit Pickelhaube und Brustharnisch angethan, kämpften mit Schwert und Hellebarde, oder führten Armbrust, Streitart und Kolben. Ein muthiger, kriegerischer Geist herrschte in den Städten. Wie sehr auch der stolze Adel die Krämer, wie er im Allgemeinen die Bürger nannte — verachtete: gar oft fühlten die Herren den starken Arm des Bürgers. Und was von der Schlacht bei Reutlingen, in welcher die Städter den Herren Ulrich von Wirtemberg schlugen, uns Uhland singt:

„Wie haben da die Gerber so meisterlich gegerbt,

„Wie haben da die Färber so purpurroth gefärbt" —

Das gilt auch von manchem anderen Strauß der Bürger

gegen den Adel, welcher die Freiheit der Städter stets bedrohte und ihren Handel und Gewerbe gefährdete. Besonders waren es die Herren vom Stegreif, wie die Raubritter genannt wurden, welche der Zorn der Bürger verfolgte; und Mancher, wie ehrenwerth auch sein Raubhandwerk von seinen adligen Genossen geachtet werden mochte, mußte an einem bürgerlichen Galgen büßen. — Das war zu der Zeit der freien Reichsstädte mit ihrem Muthe wackerer Männer und tapferer Jünglinge, mit dem reichen Welthandel, mit den blühenden Gewerben, mit den kunstreichen Sänger= und Malerschulen; Das war zu der Zeit, als der Bürger und Handwerker der deutschen Städte sich einer höheren geistigen Bildung erfreute, als alle übrigen Stände. — Was aber einmal abgestorben ist, läßt sich wol als Mumie einbalsamiren und erhalten, doch nicht mit dem frischen Odem des Lebens neu beseelen. So können wir uns wol an dem Bilde dieses untergegangenen, großen Bürgerthums erfreuen, nicht aber hoffen, es aus der Vergangenheit in die Gegenwart heraufzubeschwören.

Die Erlaubniß, ein Gewerbe zu betreiben, wurde ursprünglich, wie ich schon erwähnte, von dem Herrn der Stadt gewöhnlich gegen eine Abgabe ertheilt; und dem so in die Zahl der Handwerker Aufgenommenen stand es frei, in die Zunft seiner Handwerksgenossen einzutreten, oder nicht. Später aber wußten sich die Zünfte bei ihrer Bestätigung das Recht zu erwerben, daß Jeder, der in der Stadt die Gewerbefreiheit erlangt hatte, ihrer Brüderschaft beitreten, ein Eintritsgeld zahlen und zu dem Säckel der Zunft beisteuern mußte. Statt der Abgabe aber, welche früher der Einzelne an den Oberherrn gezahlt hatte, steuerte jetzt nur die Genossenschaft. Wo die Zünfte zum Stadtregiment gelangt waren, hatte die Mitgliedschaft eine nicht geringe Wichtigkeit. Deßhalb setzten auch sie allmälich durch, daß die Aufnahme in die Brüderschaften von ihnen allein abhängig wurde, daß sie nach ihrem Belieben die Aufnahme gestatteten oder verweigerten. Wer aber nicht aufgenommen wurde, durfte auch das Gewerbe nicht auf dem Gebiet der Stadt betreiben. Es war davon die nächste Folge, daß die Zünfte, um den Gewinn des Handwerks für die einzelnen Glieder möglichst zu steigern, den Eintritt sehr erschwerten und häufig selbst die Zahl der Meister festsetzten, welche an einem Orte nicht überschritten werden durfte. Dadurch wurde das Publikum meistens von wenigen Meistern abhängig, und mußte sich mit den Arbeiten dieser, mochten sie gut oder schlecht sein, begnügen. Das gereichte allerdings zum Vortheil dieser wenigen Meister, aber dem Handwerk selbst zum größten Nachtheil: die Ausbildung und Entwickelung desselben wurde gehemmt. Denn der Meister fand seine Nahrung, wie schlecht er auch arbeiten mochte, und dem tüchtigsten Gesellen gelang es nicht, Meister zu werden, wenn ihn nicht die Umstände besonders begünstigten. Das nächste Anrecht auf den Eintritt in die Zunft hatten, wie es noch in einigen deutschen Staaten ist, immer die Söhne, dann die nächsten Verwandten, Schwiegersöhne und Vetter der Meister. Daher kam es denn auch, daß der Sohn gewöhnlich wieder das Handwerk des Vaters erlernen mußte, mochte er für dasselbe geschickt sein, oder nicht. So wurden Menschen häufig in einen Lebenslauf hineingezwungen, in welchem sie gar Nichts leisteten, und einem anderen entzogen, in welchem sie sich hätten auszeichnen können. Einige Zünfte schlossen sogar Jeden, der nicht ein gewisses Vermögen nachweisen konnte, von dem Erlernen ihres Handwerks aus. Diesen Zwang, welcher der freien Entwickelung der Gewerbe angethan wurde, suchten die Zünfte dadurch zu rechtfertigen, daß sie für die Unbescholtenheit ihrer Zunft einstehen müßten, und Solches nur vermöchten, wenn die Aufnahme in dieselbe von ihnen allein abhängig sei. Und in der That hielten die Zünfte so streng auf die unbefleckte Ehre und den guten Ruf ihrer Mitglieder, daß sich das Sprüchwort bilden konnte: „Ein Zünfter muß so rein sein, als wenn er von Tauben gelesen wäre." — Aber diese Strenge artete in Uebertreibung und Unmenschlichkeit aus, wenn unehelich Geborne und selbst die Kinder solcher Eltern, die ein verachtetes Gewerbe trieben, wie z. B. in Berlin und in der Mark das der Leinweber war — von der Zunftgenossenschaft, und dadurch selbst von der Erlernung des Handwerks ausgeschlossen waren. Auch führte dies Halten auf die Ehre der Zunft zur Festsetzung von Strafen für die Uebertreter des Herkommens und der Sitte, an welche sich einerseits Heuchelei und Lüge, andererseits Spionerie und boshafte Angeberei knüpfte. Es ist zwar löblich, mit treuer und brüderlicher Gesinnung seinen Mitmenschen auf Fehler und Schwächen aufmerksam zu machen; aber es ist unheimlich, in jedem Genossen einen Späher zu sehen, der uns beobachtet, damit er uns in Strafe bringe. Noch dazu waren viele Gebote und Verbote so seltsam, launenhaft und kindisch, daß wir uns verwundert fragen, wie man darauf gekommen, sie zu geben. Die Strafe bestand übrigens gewöhnlich in Geld und Wachs zu den Kerzen bei Prozessionen und Messen und in

Wein oder Bier zum Vertrinken. Die Strafe durfte aber
ein vorgeschriebenes höchstes Maß nie überschreiten. Schwe-
ren Vergehen folgte die Ausschließung aus der Zunft, womit
auch der Verlust des Rechts verbunden war, das Handwerk
weiter zu betreiben. In gewissen Fällen konnte sich der Ver-
urtheilte wieder in die Zunft einkaufen, nie aber nach ehrlosen
Handlungen und beschimpfenden Strafen. — Achtungswerth
scheint die treue Brüderschaft, der gegenseitige Beistand zu sein,
zu welchem sich die Mitglieder der Zunft gegen einander ver-
pflichteten. So heißt es in der Stiftungsurkunde der Schmiede
zu Wetzlar (1362) daß sie mit einander „Lieb und Leid" tragen wollten. Deßhalb war es Pflicht der Zunftgenossen, sich
in Drangsal und jeglicher Noth zu unterstützen, in keiner
Weise gegen einander unredlich zu handeln, oder den Genossen zu beeinträchtigen; vielmehr sollte Jeder, so viel er ver-
mag, dem Andern beistehen und zu seinem Rechte verhelfen. —
Aber diese schönen Grundsätze, wenn wir uns nicht gewöhnen,
sie gegen alle Menschen, als unsere Brüder, zu üben, wenn
wir sie nur auf den Kreis Derer anwenden wollen, die mit
uns zu gleichen Vortheilen verbunden sind, führen nur zum
Eigennutz und zur Uebervortheilung unserer Mitbürger. Und
so war es denn auch in den Zünften. Aus dieser treuen
Brüderschaft ging es hervor, daß man jedem Fremden den
Eintritt in die Zunft abschnitt, daß man den Preis festsetzte,
unter welchem Niemand arbeiten durfte, daß Derjenige in Strafe
verfiel, welcher eine Arbeit übernahm, wegen derer man schon
mit einem Zunftgenossen in Unterhandlung gestanden, oder die
Arbeit eines Solchen, welcher einem der Zunftgenossen den
Lohn früherer Arbeiten vorenthielt. — Wie schwerfällig mußte
da das ganze Leben sein, wieviel Aerger und Zänkereien
mußte es geben, wenn jede Zunft sich herausnahm, das ganze
übrige Publikum durch launenhafte Vorschriften zu tyrannisiren!

Das ganze Leben des Mittelalters hatte eine religiöse
Färbung: gottesdienstliche Gebräuche durften bei keiner wich-
tigeren Handlung fehlen. Also hatte es die Geistlichkeit, theils
um ihres Einflusses und ihres Vortheils willen geordnet, theils
waren auch die wilden, unbändigen Menschen jener Tage nur
durch Furcht und Schrecken vor dem Jenseits zu zügeln und
mußten immer an dasselbe erinnert werden. Deßhalb war
auch jede Zunft einem Heiligen, als ihrem Schutzpatron geweiht. An dem Kalendertage des Schutzpatrons kamen die
Zunftgenossen zu dem „Jahrtage" zusammen, an welchem die
wichtigsten Angelegenheiten der Zunft, wie die Wahlen der

Beamten, die Rechnungslegung und etwa nöthige Abänderungen in den Zunftgesetzen vorgenommen wurden. Außer dem Jahrtage fand noch andere „gebotene und ungebotene Morgensprache" statt. Die gebotene Morgensprache ist die Versammlung, welche an bestimmten Tagen des Jahres zusammentritt, die ungebotene, welche auf besondere Veranlassung berufen wird. Bei jener wurden die neu eintretenden Mitglieder aufgenommen, bei der ungebotenen Morgensprache aber unvorhergesehene Ereignisse und Angelegenheiten der Zunft berathen, auch die Streitigkeiten der Mitglieder untersucht und geschlichtet. — Die Feier des Jahrestages begann am Abende vorher mit einem Festschmause; der Tag selbst fing mit einem feierlichen Gottesdienste an, dem dann die Morgensprache folgte und dieser wieder gesellige Freuden. Daß es bei den geselligen Vergnügungen nicht so gar mäßig zuging, bezeugen die Verordnungen, welche man zur Beobachtung einer gewissen Mäßigkeit für nöthig erachtete; z. B., daß sich bei dem großen Jahrschmause Niemand so betrinken solle, daß er in den Koth falle. —

Gesellen und Lehrlinge waren zwar der Zunft zugehörig und mußten sich den Beschlüssen der Zunft fügen, hatten aber keine Stimme in ihren eigenen Angelegenheiten. Deßhalb hatten auch die Gesellen nicht selten zu klagen über die Beschlüsse, welche die Meister zu ihrem Vortheile, aber der Gesellen Nachtheile faßten. Das gab denn die Veranlassung, daß die Gesellen der bedeutenderen Gewerke, wie in vielen Städten Nord-Deutschlands die Gesellen der Tucharbeiter — sich zu Brüderschaften vereinigten, welche ganz nach dem Vorbilde der Zünfte geordnet waren. Diese Brüderschaften standen oft durch viele Städte hin in genauer Verbindung und stetem Verkehr. Um so mehr aber hatten sie eben so sehr die Zünfte, wie die Regierungen wider sich und wurden nicht selten mit harten Strafen belegt. Deßhalb haben auch nur sehr wenige einen dauernden Bestand gewonnen.

Wie die Genossenschaften der Gesellen von den Zünften mit scheelen Augen angesehen wurden: so waren wiederum die Zünfte der Mißgunst der geistlichen und weltlichen Herren ausgesetzt. Man fürchtete ihre politische Macht, konnte aber, ohne den wahren Grund auszusprechen, gegen sie unter dem Vorwande einschreiten, daß die Zünfte sowol ihre erlangten Rechte zur Uebervortheilung des ganzen Publikums mißbrauchten, als sie auch Schwelgerei und Sittenlosigkeit in ihrem Schooße nährten. Und diese Beschuldigung war mehr als

ein Vorwand; sie war nur zu gegründet. Unmäßigkeit im
Essen und Trinken und rohe Ausbrüche des trunkenen Muthes
sind zwar bei den Deutschen überhaupt häufiger als bei anderen Völkern; aber in diesen Gelagen der Zünfte waren sie
gewissermaßen geheiligt: was bei gesitteten Menschen Unwille
und Verachtung erregt, galt hier häufig als ehrenvoll. Der
Mißbrauch aber, welchen die einflußreichen Zünfte von ihrer
Stellung machten, indem sie Gesetze zu ihrem Gewerbsvortheil,
aber zur Plackerei und Belästigung der ganzen Bürgerschaft
zu erzwingen wußten — veranlaßte mit Recht laute Klage. —
So waren die Zünfte in sich morsch und faul. Unsittlichkeit
und Selbstsucht, die schnödesten Krankheiten des Menschengeschlechts, welche immer Hand in Hand gehen, hatten sie schon
zum Tode reif gemacht, als sie ihre wichtige und bedeutsame
Stellung in den Städten einbüßten. — Mit am frühsten, nämlich schon im Jahre 1448, unter dem zweiten Kurfürsten aus
dem Hause Hohenzollern, Friedrich II. verloren die Gewerke
in Berlin ihre politischen Rechte. Bürgermeister und Rath
mußten sich seit der Zeit von den Herrschern bestätigen lassen,
von denen hinfort alle Gesetze, gemeinsam für alle Bürger,
gegeben wurden; und um den Unabhängigkeitssinn zu zügeln,
wurde eine feste Burg, das Schloß in ihrer Stadt erbaut. —
Seit der Reformation Luthers, mit welcher das Mittelalter
endet, gingen die bis dahin waltenden Lebensformen überhaupt
im raschesten Schritt ihrem Untergange entgegen. So auch
der alte Einfluß der Zünfte. Sie wurden jetzt Corporationen,
Gesellschaften, die keinen andern Zweck mehr kannten, als so
viel wie thunlich, ihre Gewerbsvortheile zu sichern. Dadurch
wurde das ganze Wesen der Zünfte immer engherziger und
selbstsüchtiger und in allen seinen Formen um so schwerfälliger,
je mehr das wahre Leben aus diesen gewichen war. Seit
man nicht mehr den Städten Gesetze geben und sie beherrschen
konnte, traf man Bestimmungen über kleinliche, oft lächerliche
Förmlichkeiten — wie das Felleisen geschnürt und getragen,
wie Meister und Meisterin begrüßt werden müssen, u. dgl. —
was am Besten dem Ermessen, der Bequemlichkeit und dem
Jedem eigenen Anstande überlassen bleibt. Im vorigen Jahrhundert, der Zeit des Maitressen- und Günstlings-Regiments
in Europa und auch an den meisten Höfen Deutschlands, stand
das Bürgerthum und mit diesem das Handwerk auf einer so
niedrigen und erniedrigten Stufe, daß wir nur mit Scham
daran gedenken mögen. Der ehemals freie deutsche Bürger

erschien vor Adel und Beamten nicht anders als mit gekrümm=
tem Rücken, in tiefster Demuth. Je tiefer der Handwerker
sank, um so tiefer auch die Bedeutung der Zünfte. So waren
die Zünfte längst todt, und es fehlte nur noch, daß sie be=
graben wurden — ein Geschäft, welches endlich der Sturm,
welcher so viele Reste des Mittelalters über den Haufen warf,
das Eindringen der Franzosen in Deutschland, im Anfange
unsers Jahrhunderts, übernahm. Da wurde die Gewerbefrei=
heit gesetzlich. Daß die Gewerbefreiheit zu dem Aufschwunge,
welchen das Handwerk in der neuesten Zeit gewonnen, den
Anstoß gegeben, ist unläugbar. Nur dieser freie Aufschwung
des Handwerks, gleichzeitig mit der Entfesselung des Handels
und Ackerbaues, macht es möglich, daß ein an sich so armes
Land, wie Preußen, die Mittel erschwingt, um seine politische
Stellung als 5te Großmacht Europa's behaupten zu kön=
nen. Daß die Gewerbefreiheit auch viele Uebel mit sich
führt — wer wird Das läugnen? — Zu diesen gehört
besonders, daß bei vielen Handwerken jetzt die Stelle der
alten ehrenwerthen Meister durch Pfuscher und schwin=
delnde Fabrikanten eingenommen wird, und daß das Hand=
werk so immer mehr seinen goldenen Boden verliert. Aber
die alten Zünfte zurückzuführen, ist eine Unmöglichkeit: unsere
Meister und Gehülfen würden eben so wenig zu jenen alten
Zünften, wie die Zünfte zu unserm ganzen Leben passen. Die
Uebel, welche die alten Zünfte mit ihrer ganzen Selbstsucht
und Unsittlichkeit hegten, würden in ähnlicher Weise bei einer
ähnlichen Gestaltung der Dinge unfehlbar wiederkehren, und
diese Uebel, welche das bessere Selbst des Menschen untergru=
ben, sind weit furchtbarer als Alles, was die Gewerbefreiheit
uns gebracht hat. — Vorläufig findet auch noch jeder tüchtige
und redliche Handwerker sein Fortkommen, wenn ihn nicht
besondere Unglücksfälle treffen, gegen die er freilich zu wenig
durch zweckmäßige Einrichtungen geschützt ist. Doch wollen
wir nicht in Abrede stellen, daß die Gewerbefreiheit in Ver=
bindung mit dem Maschinenwesen einen Umschwung der Dinge
hervorgebracht hat und immer weiter und weiter treibt, der
den meisten Handwerken in nicht gar ferner Zukunft eine voll=
ständige Umgestaltung bereitet. Das ist unzweifelhaft. Aber
diese Zukunft wird auch den braven Mann nicht zu Grunde
gehen lassen. Wir können sicher darauf rechnen, daß auch die
Zukunft die nöthigen Veranstaltungen finden wird, die Kraft
und das Mark der Völker zu bewahren. Was in unsern Ta=

gen dem Handwerker vor Allem Noth thut, ist die geistige Erhebung und die sittliche Selbständigkeit. Diese waren es auch, auf welcher sich im Mittelalter die bedeutsame Stellung der Handwerkszünfte gründete.

---

2. Die Poesie und deren Gattungen.

Meine Herren!

In einem früheren Vortrage habe ich versucht, die Entwickelung des Handwerkerstandes darzustellen; und ich habe mich besonders bei jenem Zeitpunkte weitläufiger ausgesprochen, in welchem der Bürger eine ausgezeichnete Stellung in Deutschland einnahm. Das ist in der Zeit vom 14ten bis gegen das 17te Jahrhundert. In dieser Zeit gedieh der Bürgerstand auch zur Blüthe seiner Bildung — einer Bildung, durch welche er über Adel und Geistlichkeit, die anderen politisch berechtigten Stände der damaligen Staaten, weit hervorragte. Diese Bildung stellt sich besonders in den Dichtungen der Meistersängerschulen heraus, über welche ich nächstens zu sprechen gedenke, um ihnen das Bild von dem Leben des Bürger- und Handwerkerstandes in dem oben bezeichneten Zeitraum des Mittelalters zu vervollständigen. Heute aber erlauben Sie, meine Herren, daß ich, als vorgängige Verständigung oder Einleitung zu der Darstellung der Meisterschulen, einige Erläuterungen über das Wesen der Dichtkunst und deren Gattungen mittheile.

Die Poesie ist die Kunst, unsere Empfindungen und Gedanken in der edelsten Auffassung, deren wir fähig sind, und in einer bestimmten Form auszusprechen, welche man die poetische oder gebundene Rede nennt. Diese Form besteht wesentlich darin, daß sich die Wörter mit einer regelmäßig wiederkehrenden Hebung und Senkung der Stimme an einander reihen. Diese ist durch den regelmäßig wiederkehrenden Wechsel von bedeutungs- und weniger bedeutungsvollen Silben bedingt, z. B. Der Ritter muß zum blutgen Kampf hinaus u. s. w. Wohlauf noch getrunken den funkelnden Wein u. s. w. Komm in das große Neapel und sieh es und staune u. s. w. Dadurch entstehen die Verse, welche bei uns und bei den neueren Völkern überhaupt gewöhnlich mit dem Reime schließen. Das Wesen der Poesie liegt aber keineswegs in der Form allein, sondern weit mehr in der Auffassung der Außen- und Innenwelt. Diese kann eine poetische oder gewöhnliche sein. Wir betrachten z. B. einen Baum von Seiten seines Holzwerthes und Ertrages seiner Früchte, also seines Nutzens, und diese ist die gewöhnliche Betrachtung und Auffassung; wir betrachten ihn von Seiten der Regelmäßigkeit und Schönheit seiner einzelnen Theile, der Pracht seiner Blüthen und Blätter, des stolzen Wuchses seines Stammes, der Angemessenheit seiner Stellung zu der ihn umgebenden Natur, also um der Freude willen, die er unseren edleren Sinnen bereitet, und wir haben die poetische Auffassung. Die Fähigkeit nun: alles Dasein und alle Verhältnisse unter einem niederen, mehr thierischen, oder unter einem höheren, göttlichmenschlichen Gesichtspunkt auffassen zu können, die Dinge nur im Zusammenhange mit ihren gemeinen, selbstsüchtigen, oder im Zusammenhange mit ihren höheren, allgemein menschlichen Zwecken zu begreifen — diese Fähigkeit ist eine allgemeine Naturanlage. Jeder Mensch ist derselben im höheren oder geringeren Grade theilhaft; und es kommt nur darauf an, daß sie geweckt und entwickelt werde. Denn wie alle Menschen in den wesentlichsten Theilen des Körpers einander ähnlich sind, so sind sie es auch in den wesentlichsten Kräften des Geistes. Wenn hier und dort schroffe Gegensätze von Kraft und Schwäche, von Vorzügen und Mängeln, von Bildung und Rohheit hervortreten: so sind diese nicht durch wesentliche Verschiedenheiten in der Naturanlage, sondern durch Lebensweise, Erziehung und sonstige Verhältnisse unserer gesellschaftlichen Zustände bedingt. Die Natur hat solche Unterschiede nimmer gesetzt; denn sie umfaßt alle ihre Kinder mit gleicher Liebe und gewährt ihnen im gleichen Maße die Kräfte glücklich zu werden; nur die Ordnungen und Einrichtungen des Lebens und der Unverstand der Einzelnen treten den Absichten der Natur entgegen. Weil nun die Dichtkunst sich auf eine allgemeine Naturanlage stützt, hat man sie auch mit Recht eine Welt- und Menschengabe genannt, eine Gabe, die Allen gemeinsam ist. Daß Dem so sei, bestätigt sich auch dadurch, daß jeder Mensch, mögen seine Lebensverhältnisse ihn noch so sehr in den Staub und zum Gemeinen hinabdrücken — sich doch in diesen oder jenen Stunden seines Erdenwallens höher, edler, besser gestimmt fühlt, die Sehnsucht nach einem Etwas empfindet, das ihn emportrage aus dem schmutzigen Gewühle, aus dem elenden Treiben und Jagen der Selbstsucht. Diese Stimmungen sind poetische; und wer sie in der geeigneten Form aussprüche, würde ein Gedicht gemacht haben.

Wenn nun aber der Mensch einmal die Anlage zur Poesie hat, muß er dieselbe auch zur Thätigkeit bringen. Das ist eine Forderung, welche an uns gestellt wird, und welcher wir uns nur auf Kosten, zum Nachtheil unseres eigenen Wohls entziehen können. Denn nur der Mensch ist wahrhaft glücklich, in welchem alle wesentlichen Anlagen und Kräfte zu einer gewissen, harmonischen Entwickelung kommen. Wie ein gewisses Maß von Ruhe und Bewegung, von Speise, Trank, Luft und Licht unserem körperlichen Bestehen nothwendig ist, so bedürfen wir zu unserer vollen geistigen und körperlichen Gesundheit auch eines gewissen Maßes der Entwickelung und der Nahrung für unsere geistigen Kräfte. So nähert sich der Mensch jener Vollkommenheit, zu der ihn die Natur mit den herrlichsten Anlagen ausgerüstet hat; so genügt er den Forderungen der Natur und seiner Bestimmung zur sittlich freien, freudigen Bewegung, die sein Glück bildet. Denn alles Unglück des Menschen besteht einzig und allein darin, daß er den Anforderungen, welche seine Natur macht, nicht genügt oder nicht genügen kann. Der Zweck der Poesie ist also, das Bedürfniß des Menschen zu befriedigen: die Dinge unter einem höheren Gesichtspunkt aufzufassen. Freilich gewinnen nur Wenige den Bildungsgrad, diesem Bedürfniß selbst zu genügen; vielmehr lassen sich die Meisten dasselbe befriedigen. Indessen bleibt es immer nur ein Nothbehelf, wenn wir für unsere poetischen Stimmungen bei einem Anderen, bei dem Dichter, die Sprache suchen müssen; und wir fühlen sehr wohl, daß es uns bei Weitem mehr zufriedenstellen, daß wir ein höheres Glück darin finden würden, wenn wir aus unserem innersten Wesen heraus und mit unseren eigenen Worten unsere Gedanken und Empfindungen aussprechen könnte.

Wenn es mir gelungen, meine Herren, Ihnen deutlich zu machen, daß die Poesie wesentlich der Ausdruck einer höheren, edleren Auffassung der Dinge und Verhältnisse ist, so werden Sie selbst ermessen, von welcher Wirkung diese Kunst für unsere eigene Veredlung und für die Veredlung des ganzen Menschengeschlechts gewesen sei und stets sein wird. Die Poesie vor Allem hat stets die edlere Sitte, die höheren Bestrebungen in der Menschheit lebendig erhalten. Und wenn es sich je darum handelte, eine hohe, heilige Sache durchzukämpfen — die Poesie hat dazu aufgefordert und hat die Edelsten und Besten begeistert, kein Opfer, nicht Gut, nicht Blut zu scheuen. Und wenn ein Volk in Stumpfsinn, Gleichgültigkeit und Gemeinheit unterzugehen drohte, wenn Zwingherrn und Despoten das Geschlecht in eisernen Banden hielten: dann hat die Poesie ihren gewaltigen Ruf ertönen lassen, die Herzen der Menschen erschüttert und sie mit dem Athem der Wahrheit und der Freiheit angeweht.

Wir haben gehört, daß eine poetische und eine gemeine, gewöhnliche Auffassung der Dinge möglich ist. Die poetische selbst kann aber wieder eine verschiedene sein. Der Eine faßt und beurtheilt die Dinge nach Dem, wie sie sich selbst darstellen, der Andere nach Dem, was sie ihm besonders gelten, der Dritte endlich vermittelt die erste und die zweite Art der Auffassung und des Urtheils so, daß er die ewig geltende Bedeutung der Dinge mit seiner besonderen, rein persönlichen Ansicht von denselben ausgleicht. Ein einfaches Beispiel wird Ihnen das deutlich machen. Hier habe ich einen Körper: Sie Alle werden sagen, Das sei ein Dintenfaß, und Sie beurtheilen das Ding nach Dem, wie es sich selbst darstellt. Sie beurtheilen es, wie die Gelehrten sich ausdrücken, objektiv — gegenständlich, nach der Erscheinung des Gegenstandes. Ich aber habe in diesem Dinge Sand und benutze es als Sandstreuer: ich halte dies Ding für einen Sandstreuer und beurtheile es nach Dem, was es mir besonders gilt; ich beurtheile es subjektiv — persönlich, nach der besonderen Ansicht des Urtheilenden. Haben Sie nun Recht oder ich? — Weder Sie noch ich! — Erst der Dritte, welcher sagen würde, dies Ding sei ein als Sandstreuer benutztes Dintenfaß, würde dasselbe richtig beurtheilen. Man nennt ein solches Urtheil, welches die beiden einseitigen, das rein objective und das rein subjective in sich schließt, ein absolutes — unbedingt wahres. Die meisten Menschen urtheilen aber nicht von einem der bezeichneten Standpunkte, sondern ihre Urtheile sind ihnen anerzogen, sie haben dieselben eigentlich nur erlernt. Das sind die Urtheile des sogenannten gesunden Menschenverstandes. Jede dieser vier Arten der Auffassung ist nun wieder einem der vier Lebensalter des Menschen besonders eigen. Das Kind, in welchem noch eine Eigenthümlichkeit, eine Persönlichkeit nicht kräftig geworden ist, beurtheilt die Dinge nach Dem, wie diese sich selbst, und zwar in ihrer äußeren Erscheinung darstellen. In dem Jüngling beginnt die Persönlichkeit, der Charakter zum Bewußtsein zu kommen, sich geltend zu machen und hat, wie jede neue Macht, die sich noch erst durchkämpfen muß, eine besondere Kraft und Energie. Deßhalb sind für den kräftigen Jüngling die Forderungen des ihm Eigenthümlichsten, des Gemüths von höherer Bedeutung als jede äußere Macht. Diese glaubt er wohl gewältigen zu können; aber dem Gebot des Gemüths und Herzens Widerstand entgegenzusetzen, dünkt ihn unmenschlich, und den Widerstand zu tragen, seiner Selbstständigkeit unwürdig. Wie das Kind die Dinge in ihrer allgemeinsten Bedeutung und mit den äußeren Sinnen auffaßt, so der Jüngling in ihrer nur ihm geltenden Bedeutung und mit dem inneren Sinne des Gemüths. Der Mann lernt gewöhnlich erst die vermittelnde Weise der Anschauung und des Urtheils zu üben. Er fühlt sich stark genug, seine Persönlichkeit nicht erst auf die Probe setzen zu brauchen, und deßhalb ist er denn auch geneigt, die persönliche Anschauung der Dinge mit deren allgemeinerer Geltung in Uebereinstimmung zu setzen. Der Greis ist stumpf gegen die Eindrücke der Außenwelt und nicht mehr stark genug, seine Besonderheit durchzusetzen; aber er hält fest an den Lehren und Ueberzeugungen, welche ihm die reichen Erfahrungen eines langen Lebens eingeprägt. Nach diesen vier möglichen Auffassungsweisen des Dichtenden sind nun die vier verschiedenen Arten von Poesie entstanden. Diese haben sich in ihren scharfen Sonderungen von einander zuerst bei dem geistvollen, edlen Volke der Griechen ausgebildet und tragen daher auch griechische Bezeichnungen. Sie werden nämlich genannt: die epische, lyrische, dramatische und didaktische Poesie.

Die Bezeichnung „episch" kommt von einem griechischen Worte her, welches „Erzählung" bedeutet. Daher nennen wir die epische Poesie auch erzählende Dichtung, und weil in dieser gewöhnlich großartige Ereignisse, außerordentliche Thaten erzählt werden, so heißen sie auch Heldendichtungen. Wir haben zwar in der deutschen Poesie viele epische Gedichte, aber sie haben in den größeren Kreisen des Volkes selten lebhaften Anklang gefunden. Wenn ich deßhalb auch nicht voraussetzen darf, daß sie Ihnen Allen, meine Herren, bekannt sind: so nenne ich doch als die bekanntesten derselben: Klopstock's Messias, Göthe's Herrmann und Dorothea, Wieland's Oberon und die bezauberte Rose von Schulz. Unter den epischen Gedichten fremder Völker hat gewiß Einer oder der Andere von Ihnen des griechischen Dichters Homer Ilias und Odysse, wenigstens in der Uebersetzung von Voß, gelesen, auch wohl eine

Ueberfetzung von des italienifchen Dichters Torquato Taffo
befreitem Jerufalem. Bei den echt epifchen Dichtungen nun,
wie bei den Homerifchen, walten die Ereigniffe vor und
diefe reißen den Menfchen mehr mit fich fort, als daß er fie
machte oder beherrfchte. Deßhalb ift auch bei ihnen die Dar=
ftellung der äußeren Ereigniffe und die Verknüpfung der Vor=
gänge das Hauptfächliche. Und in der That verfchwindet bei
allen großartigen, bedeutungsvollen Ereigniffen der einzelne
Menfch, wie hochgeftellt oder wie ausgezeichnet er auch fein
mag, gar fehr. Der Geift, welcher in den großen Maffen
waltet, der macht auch die großen Dinge, der ift das Schick=
fal der Menfchen und der Völker.

Die lyrifche Poefie hat ihren Namen von der Lyra,
einem mufikalifchen Inftrumente der Alten; denn der Vortrag
diefer Dichtungen fand unter Begleitung der Lyra Statt. Die
lyrifchen Poefien haben die Darftellung innerer Zuftände, der
Empfindungen und Regungen des Gemüths zum Gegenftande.
Deßhalb ergreifen fie auch befonders das Gemüth des Jüng=
lings: in ihnen findet er fein eigenes Innere ausgefprochen.
Sie ergreifen um fo mächtiger, wenn fich mit ihnen die Ge=
walt der Töne verbindet, wenn fie gefungen werden. In un=
ferem Liederkranz vom Herren „Hauer“ finden Sie eine
Sammlung lyrifcher Gedichte, unter denen Sie Beifpiele von
faft allen unferen bedeutenden Dichtern lefen.

Die dramatifche Dichtungsgattung hat ihren Namen von
einem griechifchen Hauptwort, welches unferem „Handlung“
oder „That“ entfpricht; wir würden fie alfo die „handelnde
Dichtung“ nennen können. Die dramatifchen Dichtungen find
nämlich diejenigen, welche auf der Bühne dargeftellt, alfo mit
Handlungen, Thaten begleitet werden — das Trauerfpiel,
Schaufpiel, Luftfpiel. In jeder diefer Darftellungen wird zur
Anfchauung gebracht, wie die befondern (fubjectiven) Wünfche,
Abfichten, Beftrebungen eines Menfchen ein Hinderniß in den
beftehenden (objektiven) Verhältniffen finden, der Menfch mit
diefen in den Kampf tritt und fie zu befeitigen fucht. Der
Ausgang, das Ende des Dramas, die Kataftrophe genannt,
ftellt den Frieden der beiden kämpfenden Mächte dar, die Ver=
mittelung des fubjectiven Wollens und der objektiven Verhält=
niffe zu Dem, was die Nothwendigkeit forderte, zu Dem, was
in dem Geifte der Zeit fittlich, vernünftig (abfolut) ift. Diefe
dramatifche Poefie nun, in deren Darftellung es alfo immer auf
eine Vermittelung, auf eine Ausgleichung der äußeren Verhält=

nisse und der inneren Zustände hinausgeht — ist diejenige, welche dem Wesen des Mannes am meisten entspricht. Wenn man den Jüngling lobt, der sich von einer mächtigen, tiefen Empfindung hinreißen läßt, so fordert man von dem Manne ein besonnenes Abwägen seiner Wünsche mit den waltenden Verhältnissen, eine Vermittlung und Aussöhnung mit diesen. Man würde es eben so sehr tadeln, wenn er seine innersten Ueberzeugungen aufgäbe und feig sich den Verhältnissen fügte, als wenn er diese mit wildem Eifer und ungerüsteten Kräften angriffe. Unser ausgezeichnetster dramatischer Dichter ist Schiller, dessen herrliche Trauerspiele Don Carlos, Wallenstein, Maria Stuart, die Jungfrau von Orleans und Wilhelm Tell, Ihnen allen, wie ich voraussetze, bekannt sind. Denn Schiller ist bis jetzt unter den unseren der größte Dichter des Volks.

Die vierte Gattung endlich — die didaktische Poesie — führt den Namen von einem griechischen Hauptworte, welches gleichbedeutend ist mit „Lehre, Unterricht"; es ist also die belehrende Dichtung. Diese hat zu ihrer Aufgabe, in einer leichten, angenehmen Weise über irgend eine Erscheinung der Natur und des Lebens die gemachten Studien, Erfahrungen und Anschauungen mitzutheilen. Sie entwickelt in der Regel den Gegenstand, mit welchem sie es zu thun hat, in seinem Ursprunge und Fortgange, seinen Wirkungen, Zwecken und Nutzen. Diese Gattung haben Viele gar nicht als eine poetische gelten lassen wollen, weil sie es nicht mit der Darstellung des Idealen, der höchsten und edelsten Art der Anschauung, mit der Darstellung des Schönen zu thun hat, sondern ihr ausgesprochener Zweck die Belehrung ist. Aber so lange noch die Anschauung des sogenannten gesunden Menschenverstandes seine Berechtigung hat, muß es auch eine didaktische Poesie geben, in der sich eben jener in poetischer Weise ausspricht. Sie ist auch die wahre Poesie des Greisenalters — die Poesie reicher Erfahrungen, deren Sicherheit und Zuverlässigkeit der Greis den jungen Geschlechtern leicht zugänglich machen will. Ihrem Wesen nach ist freilich die Poesie der Erfahrung kaum unterschieden von der unpoetischen Auffassung und Darstellung der Dinge, aber sie hat die poetische Form. Die deutsche Poesie hat Lehrgedichte über die mannigfachsten Gegenstände aufzuweisen, z. B. „Trost in den Leiden des Krieges", „über den Ursprung des Bösen", „über Gesundbrunnen" u. s. w.

Wenn wir, meine Herren, uns so über das Wesen der Poesie und ihre vier Hauptgattungen — denn auf die Un=

terabtheilungen habe ich nicht eingehen können — verständigt haben, so wird Ihnen für meinen nächsten Vortrag, „über die bürgerlichen Sänger des Mittelalters" — das Verständniß erleichtert sein.

---

3. Die bürgerlichen Dichter des Mittelalters.

Meine Herren!

Die Zeiten, in denen der Bürger und Handwerker seine glänzendste Stellung in Deutschland einnahm, fallen zwischen das 14te und 16te Jahrhundert. Damals hatten die Zünfte überall die Herrschaft der Städte in ihren Händen; ihre Unabhängigkeit und ihr wohlerworbener Reichthum wurde von Adel, Fürsten und Geistlichkeit beneidet und angefeindet. Sie hatten harte Kämpfe zu bestehen; und sie bestanden dieselben siegreich. Glauben Sie, meine Herren, Das wäre möglich gewesen, wenn die Bürger nicht andere Kräfte besessen hätten, als die Geschicklichkeit in ihrem Handwerk, die Gewandtheit in Handel und Gewerbe? — Gewiß nicht! — Napoleon hat einst gesagt: „Intelligenz ist Macht" d. h. Bildung und und Einsicht sind die einzigen Mittel, durch die man herrscht; wer sie besitzt hat entweder Theilnahme an der Herrschaft oder er ist wenigstens sein eigener Herr, kennt keinen Herren über sich. So mußte sich denn auch die Macht und Herrschaft des Bürgerstandes im Mittelalter auf Bildung und geistige Vorzüge stützen, mit denen er die übrigen Stände überragte. Diese Bildung bekundet sich besonders in den bürgerlichen Dichtern und deren Schulen, welche den Namen der Meisterschulen führen. Ueber diese Dichter und diese Schulen heute zu sprechen, wollen Sie mir gestatten.

Die Anlage zur Dichtkunst ist, wie ich in meinem letzten Vortrage entwickelte, eine Naturgabe, der ganzen Menschheit, jedem Volke, jedem Stande, jedem Menschen eigen. Deßhalb üben die Dichtkunst auch alle Völker von ihren frühsten Zeiten, von dem Augenblicke an, wo sich das höchste Menschliche in ihnen zu regen beginnt und zum Durchbruch kommt. Und wie sie der Anfangspunkt der geistigen Entwickelung eines Volkes ist, so bleibt sie auch stets der Maaßstab für dessen

Bildung: wenn wir die Dichterwerke eines Volkes kennen, so sind wir im Stande, von diesen aus auf die ganze Bildung desselben zu schließen. — Wie alle Völker, so beginnen auch die Deutschen damit, daß sie ihre Götter und Helden und deren Thaten besangen. Als aber das Christenthum vor etwa 1100 Jahren in Deutschland festen Fuß faßte, suchte die Geistlichkeit die Erinnerungen an das Heidenthum in jeder Weise zu verdrängen, so auch die alten Dichtungen der Heidenzeit. Das war nur möglich, wenn sie die Dichtkunst selbst dem Volke ließen, aber in die Stelle der alten heidnischen Götter und Helden, Christum, die Apostel, die Märtyrer und Heiligen der Kirche setzten. So entstand eine geistliche Dichtung, die auch fast ausschließlich von Geistlichen geübt wurde, und in welche sich endlich sogar die lateinische Sprache drängte. Diese Sprache war damals, wie auch noch zum Theil jetzt in der katholischen Kirche, diejenige, in welcher die Geistlichkeit unter sich verkehrte. In dieser Zeit, vom 9ten bis gegen die Mitte des zwölften Jahrhunderts, wo die Geistlichkeit die Dichtkunst fast allein übte und dadurch bewies, daß in ihrer Hand allein die Bildung des Volkes lag, war auch ihre Macht in stetem Wachsen. Im 12ten Jahrhundert bildete sich der Adel und der Ritterstand aus. Er ging hervor aus den Dienern der Fürsten und aus den freien Leuten, welche, mit größerem Grundbesitz angesessen, die Mittel hatten, auf eigene Kosten im Kriege zu Pferde zu dienen. Mannigfache Umstände wirkten zusammen, diesen Stand zu Macht und Ansehen zu bringen in demselben Augenblick, wo er die Geistlichkeit an Bildung zu überflügeln begann. Je höher der Adel stieg, um so tiefer sank die Geistlichkeit und verlor durch ihre Sittenlosigkeit bald allen Boden für einen vernünftigen Einfluß auf die Gesellschaft. Da trat auch in die Stelle der geistlichen Dichtkunst die ritterliche. Die Hallen der Burgen und die Fürstensäle ertönten von dem Sange der Helden und von den Liedern der Liebe. Der vollendete Ritter mußte eben so muthig Schwert und Lanze führen, wie kunstreich die Laute schlagen. Der Ritterstand war der mächtigste, wie er der gebildetste war: aus ihm gingen Fürsten, Könige und Kaiser hervor. Aber dieser edle Ritterstand entartete. In die Stelle der Begeisterung für alles Schöne, Edle und Große trat die Fehdelust, mit welcher der Adel Felder und Saaten verwüstete, Dörfer und Städte niederbrannte, sich die eigenen Schlösser gegenseitig zerstörte und durch seine Raublust den friedlichen Bürger plagte und mißhandelte. Mit dem gemeinen, selbstsüchtigen Sinn verträgt sich nicht die edlere Bildung. Sie erstarb in dem Adel.

Inzwischen war das Bürgerthum erstarkt. Aus den hörigen Leuten, aus denen die Handwerker größtentheils bestanden, waren freie Männer geworden, die in Krieg und Frieden sich selbst beriethen. Die Zünfte hatten im Lauf des 13ten Jahrhunderts das Regiment in den Städten gewonnen; der ganze Bürgerstand war durch Handel und Gewerbe reich und mächtig geworden; von dem Adel hatte er die höhere Bildung und die edlere Sitte angenommen. Die Dichtkunst flüchtete sich jetzt von dem entarteten und verwilderten Adel in diesen kräftigen, gesunden und emporstrebenden Bürgerstand. Die Sangeslust durchdrang das ganze Volk. Sie, die Dichtkunst, welche ehemals nur der kleinen Zahl von Geistlichen, dann dem weiteren Kreise des Adels angehört hatte, wurde jetzt Eigenthum des ganzen Volkes. — So muß es auch mit jeder wahren, echten Bildung sein. Eine Bildung, die nur gewissen, bevorzugten Kreisen eigen ist, die nicht strebt Allgemeingut zu werden und die untersten, wie die höchsten Klassen des Volkes zu durchdringen, ist keine gesunde Bildung, ist nur ein Spielwerk, ein Amüsement für Reiche und Vornehme. Die Dichtkunst aber ist mehr: sie reinigt den Sinn von niedriger und gemeiner Selbstsucht, sie erhebt den Geist über die engen Schranken der alltäglichen Beschäftigungen und Sorgen und läßt den Menschen empfinden, daß er mehr sei, als das Thier, welches nur angewiesen ist, auf die Befriedigung roher Begierden und den harten Dienst der Arbeiten. So bewährte sich auch die Dichtkunst in dem Bürgerstande.

Es war eine wilde, wüste Zeit, die vom 14ten bis zum 16ten Jahrhundert. Alle Stände unseres Vaterlandes blickten auf einander in feindseliger Haltung und stets kampfgerüstet: die Geistlichkeit gegen den Adel, der Adel gegen die Fürsten diese alle drei gegen den Bürger und den Städter, und der arme gedrückte Bauer wurde überall mißhandelt. Jeder wollte mächtig und noch lieber reich werden. So tobte ein Drängen, Jagen, Rauben und Verwüsten von einem Ende des durch hundert und aber hundert Herren zerrissenen Deutschlands bis zum anderen. In dieser traurigen Verwilderung leuchtete nur eine Hoffnung auf — das Streben der niedrigen, gedrückten und mißhandelten Stände, menschliche Berechtigungen und bürgerliche Gleichstellung mit ihren bisherigen Herren zu gewinnen. Daß dies Streben gelingen müsse: dafür lag eine Bürgschaft schon in der höheren Bildung, welche mit der

Dichtkunst bei dem Bürger und Handwerker heimisch geworden. Diese Dichtkunst verlieh auch dem Bürgerstande eine
Haltung von edler Besonnenheit, von sittlicher Würde, durch
welche er sich vor den übrigen Ständen jener Zeit auf's vor-
theilhafteste auszeichnete, und die ihm das Uebergewicht über
jene verschaffte. Es ist eine Freude, zu sehen, wie in jenem
wilden Treiben und Jagen der Zeit — von dem natürlich
auch der Bürger mitergriffen wurde — der gesunde Sinn und
die Richtung auf das Höhere und Edlere sich mit der Dichtung die Bahn bricht in die Gemüther dieser tüchtigen, kern-
haften Handwerker. Anfänglich, im 14ten Jahrhundert suchten zwar die bürgerlichen Sänger noch die Höfe auf; sie san-
gen Ehrenlieder der Fürsten und Herren und hofften, dadurch
selbst zu Ehren und Ansehen zu gelangen. So sehen wir
einen Weinsberger Weber, Michel Beheim, von Hof zu Hof
ziehen und die unbedeutendsten Fürsten mit seinen Lobliedern
bis zu den Sternen erheben; nicht ganz so unverschämt war
Peter Suchenwirt, ein Oesterreicher, und Andere. Je tüchtiger aber der Mann war, um so mehr wandte er sich ab von
dem Unwesen der Höfe und Ritterburgen, und Heinrich der
Teichner, einer der ausgezeichnetsten Dichter des 14ten Jahrhunderts singt:

"Wer gute Sitt' und Tugend sich aneignen will,
Der soll nach den Höfen nicht fragen viel.
Dort war wohl sonst eine Schule der Tugend,
Daß man Kinder in der Jugend
An sie sandte in solchem Muth,
Daß sie tüchtig würden und gut:
Das ist leider! nun dahin."

Diese Gesinnung gegen die Höfe und alles vornehme
adlige Wesen wurde bei den bürgerlichen Sängern immer
entschiedener; und um so inniger schlossen sie sich den Lebens-
kreisen an, aus denen sie entsprossen waren. Jetzt, besonders
seit dem Anfange des 15ten Jahrhunderts wurden die man-
nigfachen Zustände des bürgerlichen Lebens Gegenstand ihrer
Dichtungen. Neben dem Preise und der Anerkennung, welche
dem Muthe, der Rechtlichkeit und Tüchtigkeit der Männer, der
Sitte und Zucht der Frauen und Jungfrauen gezollt wurden,
fehlt es auch nicht an einer scharfen Zensur aller Lebensverhältnisse. So singt ein Dichter:

"Die Wahrheit hab' ich vernommen:
Hoffahrt ist in's Land gekommen!

> Von Männern und von Weiben
> Sieht man Hoffahrt treiben
> In den Städten also viel,
> Daß Einer hinaus über den Andern will
> Mit Hoffahrt und mit Uebermuth.
> Es dünkt mich gar nicht gut,
> Daß Mancher in die Stadt läuft
> Und seinem Weibe ankäuft,
> Mehr als er verdienen kann.
> Was sie sich mag erdenken,
> Das muß er an sie hängen:
> Zwei Mäntel oder drei,
> Und daß der beste roth sei
> Und oben daran goldne Spangen.
> Darin will sie herprangen
> Und im hohen Schleier."

Damit, fährt der Dichter fort, ist diese Frau aber noch nicht zufrieden: sie will es in allen Stücken der Rittersfrau gleich thun. So kommt Armuth und Noth in das Haus; während der Mann sich zum Gespött gemacht hat bei allen Standesgenossen. Das Uebel aber, behauptet er, komme von den Pfaffen, welche die Welt verkehrt und die Menschen zu Affen gemacht haben. Dann schließt er:

> „Echte Treue ist begraben,
> Die Wahrheit beginnt zu schmelzen,
> Lügen und Trügen ist nicht selten;
> Unwahrheit hat das Recht verdreht,
> Untreue die rechte Liebe verzehrt,
> Friede und Wohlwollen sind dahin,
> Zank und Unfriede füllet den Sinn;
> Milde Herzen sind versiegt,
> Das Wohlwollen darnieder liegt.
> Hoffahrt und Uebermuth
> Hat nun die Welt genug."

Am wohlthuendsten berührt es uns, wenn diese bürgerlichen Sänger sich auf dem Boden des engsten Familienlebens bewegen. Da sprechen sie ihre ganze Seele, ihr eigentlichstes Leben aus. Kann Etwas herzlicher klingen, als wenn ein Mann seine Frau zu ihrem achtundvierzigsten Geburtstage in der Weise begrüßt:

> „Mein Freud', meine Wonne, mein höchstes Heil,
> Meine Herzensfrau bleib' auch mein Theil

> In diesem seelgen neuen Jahr.
> Nähm je ich nur meine Wünsche wahr,
> Dann sei deine Liebe nicht mehr mein;
> Sonst schließ mich in dein Herz allein.
> Bedenk, wie ich mit ganzer Treu
> Mich Dir geweihet ohne Reu.
> Darin ich auch verharren will
> Bis an meines Lebens Ziel."

Er malt seine Liebe und Treue weiter aus und fährt dann fort:

> „Die ich Dir vergleichen könnte,
> Solche hab' ich nie gesehen:
> Das muß ich in Wahrheit gestehen.
> Du bist meines Herzens Spiegelglas,
> Darin ich schau' ohne Unterlaß
> Und find', was mich erfreuet."

Er rühmt in diesem Tone weiter die Vorzüge seiner Frau und schließt dann:

> „Darum, mein Trost, so bitt ich Dich:
> Halt fest, sei frisch und gesund
> Und ehr' den Höchsten zu jeder Stund."

An Liebesliedern jeder Art, auch an leichtsinnigen und übermüthigen fehlt es nicht. Doch wie in dem ganzen Stande neben Frische, Frohsinn und sprudelnder Kraft die ernsteste Sittlichkeit waltete; so sind die dichterischen Ergüsse des Uebermuths nur einzelne Erscheinungen. In dem eigentlichen Volksgesange, in den Liedern, welche sich auf die Verhältnisse des bürgerlichen Lebens und des engsten Familienkreises beziehen und die einfachsten menschlichen Empfindungen des Einzelnen aussprechen, finden wir das Trefflichste, was die bürgerlichen Sänger geleistet haben. Hier bewegen sie sich durchaus frei, Jeder, wie es seine Natur und sein eigenstes Wesen mit sich bringt. Und wo der Mensch in seiner Thätigkeit die wenigsten Schranken findet, wo er sich am ungehemmtesten und freiesten bewegen kann, da leistet er auch das Höchste. — Aber das ganze Leben des Mittelalters bewegt sich in eng abgeschlossenen Kreisen, über welche der Einzelne nicht hinausblicken, innerhalb derer er seine Befriedigung finden sollte. Der Handwerker stand in seiner Zunft, und seine höchsten und edelsten Bestrebungen galten dieser Zunft, für die er selbst das Gesammtwohl der Stadt hintenansetzte. Bei solcher Bedeutung des Zunftwesens lag es nahe, daß auch die Dichter sich zu ähnlichen Genossenschaften vereinigten, wie jene der

Handwerker waren. Die älteste dieser Dichterzünfte, welche
man Meisterschulen nannte, soll von Barthel Regenbogen,
einem Schmied, und dem Domherrn Heinrich von Meißen,
genannt Frauenlob, (wegen eines, von ihm zu Ehren der heiligen Jungfrau verfaßten Gedichtes) im Anfange des 14ten
Jahrhunderts gegründet sein. Die älteste schriftliche Urkunde
aber, welche wir über die Meisterschulen besitzen, datirt sich
erst von dem Jahre 1495. Das ist die sogenannte Tabula-
tur oder Gesetzbuch der Meisterschule in Straßburg. Die
Mitglieder dieser Meisterschulen waren aus den verschiedensten
Ständen gemischt, doch die überwiegende Mehrzahl bestand
aus Handwerkern, in deren Händen auch die Leitung des
Ganzen lag. In einigen Städten mußte die Vorsteherschaft
stets aus einer bestimmmten Zunft gewählt werden; so in
Kolmar aus den Schuhmachern, in Ulm aus den Webern.
Sämmtliche Mitglieder hießen „Freunde des deutschen Mei-
stergesanges"; „Schüler" waren Die, welche die Lieder Anderer vortragen konnten; „Dichter" Die, welche nach dem
Muster Anderer Gedichte anzufertigen verstanden; „Meister"
aber konnte nur werden, wer ein Gedicht nebst der zu diesem
gehörigen Komposition nach ganz eigener Erfindung zu schaffen
im Stande war. An der Spitze jeder Schule standen drei
Merker, welche über die ganze Ordnung wachten, auch über
den Werth oder den Unwerth der vorgetragenen Gedichte entschieden. Ein Säckelmeister verwaltete die Kasse und überhaupt
die ökonomischen Angelegenheiten der Gesellschaft. An bestimmten Tagen des Jahres fanden feierliche Zusammenkünfte mit
Prozessionen und Festgelagen Statt, ganz wie an den Jahres-
tagen der Zünfte. Dann wurden in einer Kirche die Preis-
singen gehalten, bei denen zwei oder mehrere Preise ausgesetzt waren für die Sieger. Der erste Sieger erhielt den
König-Davids-Harfen-Preis, der in einem aus Goldblech ge-
schlagenen Bilde König Davids mit der Harfe bestand; und
er wurde von den Sänger gewöhnlich an einer Kette als
Ehrenzeichen um den Hals getragen. Die übrigen Preise
bestanden gewöhnlich aus kleinen Kränzen von Gold- oder
Silberblech. Der Werth war unbedeutend, aber die Ehre
groß. Die Dichtungen, welche bei solcher Feier vorgetragen
wurden, sind nun die eigentlichen Meistergesänge. Schon daraus, daß sie in der Kirche zum Vortrag kamen, können wir
auf ihren Inhalt schließen. Dieser mußte durchaus religiös
sein, und die Merker hatten streng darauf zu achten, daß
keine „falsche Meinungen," d. h. Gedanken, welche gegen die

kirchliche Lehre verstießen, in den Gesängen vorkamen. Der dichterische Werth dieser Meistergesänge steht den Volksliedern, welche dieselben Meister verfaßten, weit nach. — Es kam hier Alles auf die Form an. — Das glänzendste Gestirn an dem Horizont der Meistersänger ging in Hans Sachs, dem ehrwürdigen Schustermeister zu Nürnberg auf.

Seit dem 16. Jahrhundert sank die Macht und Bedeutung des Bürgerstandes unaufhaltsam — sie sanken, weil der Bürgerstand sich in seinen Zünften ganz selbstsüchtigen, eigennützigen Bestrebungen hingab. Zugleich schwand auch der Sinn für die edle Sangeskunst, wie für die edlere menschliche Bildung überhaupt in dem Handwerkerstande mehr und mehr. In unserer Zeit erst hat man die eigennützigen Bestrebungen unserer Stände als verwerflich erkannt; in unserer Zeit erst hat man es als die höchste und schönste Aufgabe hingestellt, in allen Kreisen des Lebens das Bewußtsein menschlicher Würde lebendig zu machen, Jeden darauf hinzuweisen, daß er berufen sei, ein edles, sittliches Dasein zu führen, daß er fähig sei, das Beste und Höchste zu leisten. Diese Aufgabe zu lösen, darauf muß unser ernstestes und heiligstes Streben gerichtet sein. Und wenn erst das Bewußtsein von der eigenen menschlichen Würde in den weitesten Kreisen lebendig geworden: dann wird es auch nicht an edlen Dichtern fehlen, die aus dem Handwerkerstande, wie einst, hervorgehen, um ihre Begeisterung für Wahrheit, Freiheit und Recht in unsterblichen Liedern zu singen.

---

4. Ulrich von Hutten.

Meine Herren!

Zu allen Zeiten und bei allen Völkern waren die Männer selten, welche ihre Ueberzeugungen offen und treu ausgesprochen. Die Furcht, an Ehren, Würden und Reichthümern nicht höher zu steigen, lähmte die Zunge, wie laut Herz und Vernunft auch sprechen mochten. Noch weit seltener stoßen wir in der Geschichte auf Männer, welche ihre Ueberzeugungen zur That werden ließen: was sie gedacht und empfunden kühn in das Leben schleuderten, ob auch die Ehre der Welt, ob auch Gut und Leben daran gesetzt werden und zu Grunde gehen müsse. Ein solcher Mann war Ulrich von Hutten, ein

Mann, auf den wir stolz sein dürften, wenn es überhaupt nicht unvernünftig wäre, mit dem Verdienst eines Andern sich zu brüsten. Diesen Mann, Ulrich von Hutten, sein Leben und Wirken Ihnen vorzuführen, wollen sie mir erlauben, weil es immer anregend ist, sich an dem Bilde eines wahrhaft tüchtigen Menschen zu spiegeln, und erhebend, wenn wir in uns selbst einen ihm verwandten Sinn finden.

Ulrich von Hutten wurde im Jahr 1488 auf Steckelberg, dem Schlosse seines Vaters, bei Fulda geboren. Als ein jüngerer Sohn der Familie wurde er frühe in das Kloster zu Fulda gegeben, um sich dem geistlichen Stande zu widmen. Denn wie später die jüngeren Söhne des Adels zu den Officierstellen im Heere, so wurden damals dieselben zu den höheren Stellen in der Kirche erzogen. Unser Ulrich, von einem alten adligen Geschlechte, aus dem schon mancher Kirchenfürst hervorgegangen, hatte bei seinen ausgezeichneten geistigen Vorzügen, die sicherste Aussicht auf eine glänzende Stellung im Kirchendienst; aber das düstere Kloster und die Enge des geistlichen Standes füllten bald den Sinn des kräftigen, lebensmuthigen Jünglings mit unbesiegbarem Widerwillen. Es war die Stimmung vor der Reformation überhaupt eine solche, wie wir sie von Zeit zu Zeit in Deutschland wiederkehren sahen: es wird da das Leben zu eng, Jeder, besonders aber die edlere Jugend fühlt sich von den alten Schranken gedrückt und möchte sie um jeden Preis zertrümmern. Viele stürzen sich dann in waglichе Unternehmungen, Viele zerreißen, verwirren ihr Leben und gehen vor der Zeit zu Grunde. Aber dann sind die Tage auch immer nahe, daß etwas Großes und Bedeutendes geschehe. Von dem Geist seiner Zeit war Hutten ergriffen. Mit einem gleichgesinnten Freunde Crotus Rubianus, der sich später ebenfalls einen geehrten Namen in der gelehrten Welt erwarb, floh Ulrich 1504 aus dem Kloster. So zerstörte er die Hoffnungen seines Vaters, der in ihm schon den vornehmen Prälaten erblickte, dessen reiche Pfründen auch einst der Familie zu Gute kommen sollten. Deßhalb sagte sich der Vater von ihm los, und der Jüngling sah sich auf seine eigne Kräfte und das Wohlwollen solcher Gönner angewiesen, die in ihm das Talent und die emporwachsende Geistesgröße erkannten und durch Unterstützungen förderten. Ein wechselvolles Geschick ergriff ihn. Selten an den reichen Tafeln vornehmer Freunde, häufiger in Noth und bitterer Armuth, wär' wohl Mancher, ermüdet und ermattet, reuig zurückgekehrt, hätte sich den Forderungen der Verwandten und der kirchlichen Buße gefügt, um dann aller Sorgen überhoben zu sein und bald zur reichsten Fülle und zu allen Genüssen des Ueberflusses zu gelangen. Wol oft mögen, wenn er mit dem Elende, mit bitterer Noth kämpfte, den Jüngling solche Bilder gelockt haben, oft mag er sich auch dann zurückgesehnt haben zu dem reichen Kloster; — aber er war stark genug, seine Ueberzeugung nicht den Lockungen eines bequemen Daseins zu opfern. Unter allen Gefahren des Lebens und während er Deutschland von einem Ende zum andern durchzog, setzte er eifrig seine Studien fort, und bald war sein Name als Dichter wohl bekannt. Zwei Gebrechen lagen damals schwer auf Deutschland. Eine verderbte, entsittlichte Geistlichkeit plünderte das Volk und hielt es in den Fesseln des Aberglaubens und der Dummheit; während zugleich spitzfindige und betrügerische Juristen mit den damals eindringenden römischen Rechtslehren das arme Volk in Prozesse verwickelten und aussogen. Gegen die Geistlichen mit ihrem todten Wortkram trat Hutten zuerst 1514 mit einem scharfen satyrischen Werke, das er die Briefe der Dunkelmänner nannte, hervor. Diese Briefe erregten das ungemeinste Aufsehen. Sie wurden von allen freisinnigen und gebildeten Männern ebenso freudig aufgenommen, als die Partei der Theologen, welche sich getroffen fühlte, Feuer und Flamme gegen sie spie; und hätte man den Verfasser gekannt, es wär ihm wol übel ergangen. Gegen die Juristen auch in die Schranken treten zu können, war er schon im Jahre 1511 nach Pavia gezogen, um auf der dortigen berühmten Universität das römische Recht zu studiren. Aber Pavia wurde von den Schweizern in Kaiser Maximilians Diensten erobert. Hutten, aller seiner Habe beraubt, nahm Dienste im kaiserlichen Heere und seine Tapferkeit erwarb ihm später den Ritterschlag von Kaiser Maximilians Hand. Nach Beendigung des Krieges kehrte er nach Deutschland zurück. Hier hatte damals eben der Herzog Ulrich von Wirtemberg den Johann von Hutten, einen Vetter unsers Ulrich meuchlings ermordet, um die Gattin des Ermordeten zu seiner Maitresse machen zu können. Ulrich war auf's tiefste über diese Schandthat empört und forderte den Kaiser und die Reichsfürsten in fünf Reden, die an gewaltiger Kraft Alles überbieten, was je von Anklagen geschrieben ist, zur Rache auf. Er ruhte auch nicht eher, bis es gelungen, den Herzog Ulrich von Land und Leuten zu vertreiben. Inzwischen war er zum zweiten Male nach Italien gezogen, um in Bologna seine juristischen Studien fortzusetzen, war nach kurzem Aufenthalt aber wieder zurückgekehrt. Damals wurde er von Constanzia Peutinger, dem schönsten deutschen Mädchen, in Nürnberg mit dem Dichterlorbeer geschmückt und trat zugleich in die Dienste des Erzbischof Albrecht von Mainz. Diese Dienste eines geistlichen Fürsten aber hinderten ihn nicht, seinem Eifer und seinem Haß gegen die Verderbtheit der Geistlichen und gegen die Erpressungen, welche der römische Hof in Deutschland übte, freien Lauf zu lassen. Aber das Hofleben wurde ihm bald zuwider. Um in der Einsamkeit Muße für neue Arbeiten zu gewinnen, begab er sich auf sein väterliches Schloß Steckelberg. So sehr auch der Ruhm des Sohnes dem Vater schmeichelte, so grollte er doch, daß Nichts aus dem Sohne geworden. Denn auch dem Vater Huttens galt Der Nichts, welcher nicht mit Titeln, Aemtern und reichen Besoldungen auftreten konnte; und Hutten selbst hat uns sehr lebendig einen solchen Niemand geschildert, der Nichts als Geist und Character besitzt. Geist und Character waren es aber, die immer, besonders in den Zeiten, wo lebendigere Regungen für Wahrheit und Geistesfreiheit auftauchen, am meisten das Emporkommen hinderten. Der beschränkten Mittelmäßigkeit dagegen, welche Nichts besaß, als vornehme Bekanntschaften und Reichthum, die sich überall fügte, sich zu Allem gebrauchen ließ — der war kein Weg weder in der Kirche, noch im Staatsdienst versperrt. Ein solches Wesen war nun Hutten nicht; und deshalb durfte er auch nicht darauf rechnen, die volle Gunst seines Vaters wieder zu gewinnen. Aber die Gunst des ganzen Volks, die Anerkennung der Nachwelt hat er errungen. Die vielen Schriften, welche er gegen die Geistlichkeit und gegen die Anmaßungen des römischen Hofes schon vor Luthers Auftreten in die Welt gesandt, und die ihn zum kräftigsten und edelsten Vorkämpfer Luthers gemacht, brachten ihn auch bald mit diesem Reformator in Verbindung. Seit der Zeit begann er deutsch zu schreiben, sich an das ganze Volk zu wenden mit seinem glühenden Wort, während er bis dahin alle seine Schriften und Gedichte, wie es damals bei den Gelehrten Sitte geworden, in lateinischer Sprache abgefaßt hatte. Dadurch wurde Hutten seinen Gegnern um so gefährlicher, ihr Haß gegen ihn wurde um so heftiger. Sie brachten es dahin, daß von Rom seine Auslieferung gefordert und Meuchelmörder gegen ihn ausgesandt wurden. Als einen Ketzer durfte ihn auch Albrecht von Mainz nicht mehr schützen; nirgend war er mehr sicher. Um so mehr aber wurden seine Schriften gelesen und in allen

Klaſſen des Volks fand der kühne Ritter neben Luther die lebhafteſte Anerkennung. Der Ritter Franz von Sickingen, welcher ſich durch ſein tapferes Schwert das Anſehn eines Fürſten im Reiche erworben, war unſerm Hutten innig befreundet worden. Er bot ihm eine Zufluchtsſtätte auf ſeiner Burg. Hier beriethen die beiden edlen Männer das Wohl des Vaterlandes und entwarfen kühne Pläne zu deſſen Rettung aus dem unſeligen Zwieſpalt, in welchen es geſtürzt. Nicht mehr dabei blieben ſie ſtehen, Deutſchland von der geiſtlichen Herrſchaft des geldſüchtigen Rom zu befreien, auch die politiſche Spaltung Deutſchlands, ſeine Zerriſſenheit durch die Unzahl kleiner Herren und Tyrannen gedachten ſie zu beſeitigen, den Kaiſer zum Oberhaupt des Landes zu machen. Aber alle dieſe kühnen, herrlichen Pläne mußten ſcheitern. Die wachſende Macht Sickingens und ſeine weit ausſehenden Pläne machten die benachbarten Fürſten unruhig. Plötzlich, unerwartet ſah ſich Sickingen von dem Fürſten von Heſſen, von der Pfalz und Trier zugleich angegriffen. Seine feſten Schlöſſer fielen, auf Landshut fand er ſelbſt ſeinen Tod. Ulrich von Hutten floh nach der Schweiz; aber auch hier ward ihm keine ſichere Ruheſtätte geſchenkt. Krank und arm floh er von Ort zu Ort bis auf die Inſel Ufenau, im Züricher See, der Tod ihn bezwang, ihn, deſſen Muth und Ausdauer für die Ueberzeugung das Leben und deſſen widrigſte Geſchicke nicht hatten bezwingen können. — Ulrich von Hutten war einer der edelſten, muthvollſten, kühnſten Männer, deren die Menſchheit ſich rühmen darf Ein Volk, das ſolche Männer zu den Seinen zählt, wird nicht in Finſterniß und Geiſtesknechtſchaft untergehen.

---

5. Herder.

Meine Herren!

Viele von Ihnen werden in den Zeitungen die Nachricht geleſen haben, daß man in einigen Städten, namentlich in Weimar, Königsberg und Mohrungen am 25. Auguſt den 100jährigen Geburtstag Herders feſtlich begangen habe. Das würde nun freilich bei einem Volke, welches, wie wir, ſo gern zu Ehren ſeiner Mitbürger und ſeiner geſchichtlichen Erinnerungen feierlich ißt und trinkt, noch nicht viel zu bedeuten haben. Aber Herder ist in der That ein Mann, welcher der Erinnerung werth ist, weil seine Gedanken noch in unserer Zeit anregend fortwirken, ja erst jetzt ihr volles Verständniß finden. Deßhalb wollen auch Sie mir gestatten, über diesen Mann und seine Zeit zu sprechen.

Johann Gottfried Herder ist zu Mohrungen in Ostpreußen geboren. Sein Vater war ein armer Schullehrer und, was noch weit übler war, ein beschränkter Mensch, der dem Sohne nur das Lesen der Bibel und des Gesangbuches verstattete. Aber das Glück begünstigte Herdern vor vielen hundert Andern, die von einem ähnlichen Wissensdrang, wie er, getrieben, doch von der Armuth und von den drückenden Verhältnissen niedergebeugt, nie zu der Entwickelung ihrer schönsten Kräfte gelangen. Der Prediger des Orts gestattete dem armen Knaben, der ihm als Secretair diente, an dem Unterrichte Theil zu nehmen, welchen er seinen Söhnen ertheilte; und hier in dem Hause des Predigers wurde der zum Jüngling herangereifte Herder einem russischen Wundarzte bekannt, welcher sich erbot, ihn mit sich nach Königsberg und Petersburg zu nehmen, um ihn die Wundarzneikunst studiren zu lassen. Wäre Dies geschehen, so zählte unser Vaterland wahrscheinlich einen bedeutenden Mann weniger. Aber die Ausführung des Planes scheiterte an den schwachen Nerven Herders. Bei seinem ersten Besuch der Anatomie fiel er in Ohnmacht; und nun blieb ihm, wenn er auf Unterstützung rechnen wollte, was er bei seiner Armuth mußte, nichts übrig, als Theologie zu studiren. Doch war Herder nicht der Mann, sich in einem Fache abzuschließen: Sprachenkunde, Geschichte und Naturwissenschaft hatte er mit gleichem Eifer betrieben, als er, nicht älter als 20 Jahr, zum Prediger und Lehrer an die Domschule zu Riga berufen wurde. Von dem Strande der Düna aus, bis wohin und noch darüber hinaus in früheren Jahrhunderten die einst so muthig vordringende Kraft der Deutschen mit ihrer Herrschaft auch ihre Bildung verpflanzt hatte — von der Hauptstadt des damals schon russischen Lievland begann Herder den für Deutschland so erfolgreichen Kampf. Dieser ging zunächst freilich nur die Kunst und insbesondere die Dichtkunst an; aber die großen und edlen Gedanken, welche auf den Gebieten der Kunst und Wissenschaft verfochten wurden, sind noch nie ohne Wirkung auf die Zustände des Lebens geblieben. Als Herder zuerst auftrat, war die Dichtkunst bei uns ausschließlich in den Händen der Gelehrten. Diese brachten schöne Worte, nach allen Regeln der Kunst gedrechselt, zu Markte; hochtrabende, leere Redensarten sollten für Kraft, süßliche, verzierte Schönthuerei für Empfindung gelten. Alles war ein gemachtes Wesen, nirgend Natürlichkeit, Wahrheit, Begeisterung. Solche Werke konnten nur in den höheren und gelehrten Kreisen Theilnahme finden, wo man ihren Werth nach dem peinvollen Schweiß beurtheilte, welchen der Dichter über sie vergossen. Die große Masse des Volks war dagegen von dem Genusse und von den herrlichen Anregungen, welche die Dichtkunst dem Geiste und dem Herzen bieten kann, ganz ausgeschlossen. Deßhalb war auch das Volk stumpf und gleichgültig gegen seine höchsten und heiligsten Güter: es hatte keine Theilnahme für seine eigene Ehre und Würde, keine Theilnahme für das Wohl und das Wehe des Vaterlandes; der Handwerker, der Bürger und Bauer ging nur seinem Erwerbe nach, wie das Thier seinem Futter; und Jeder war zufrieden, wenn es nur in Küche und Keller wohl bestellt war. In den höhern Ständen sah es um Nichts besser aus. Bei dem Mangel an höheren und edleren Bestrebungen, bei der Theilnahmlosigkeit für die Geschicke des Vaterlandes nur auf sich angewiesen, muß sich in dem Einzelnen die schnödeste Selbstsucht ausbilden, die dann den Reichen und Vornehmen, der ihnen fröhnen kann, zu den ausschweifendsten Lüsten führt. Ungezügelte Genußsucht und kindische Eitelkeiten waren in den höhern Ständen des vorigen Jahrhunderts der herrschende Grundzug, dessen Elendigkeit verdeckt werden sollte durch das steifste und verzierteste gesellschaftliche Betragen und durch engherzige Sitten, welche die verschiedenen Stände auf's schroffste von einander sonderten. Das ganze Leben war so eng, knapp und schwerfällig, wie die engen Kleider und Zöpfe der Männer und die ungeschickten Reifröcke und der thurmhohe Kopfputz der Frauen, die sich schon am Abend vorher frisiren und dann die Nacht sitzend zubringen mußten, wenn sie zu Mittag des folgenden Tages im vollen Glanze erscheinen wollten. In dieser Zeit trat Herder auf. Er wandte sich nicht unmittelbar gegen das Leben und die Zustände der Gesellschaft; denn dem deutschen Gelehrten liegt in der Regel Alles andre näher als das Leben. Solcher Mann bildet sich die tiefsten und schönsten Gedanken, die herrlichsten Grundsätze, die trefflichsten und gründlichsten Lehren, aber er bildet sie nicht für das Leben, sondern nur für die Wissenschaft, höchstens für die Kunst. Auch Herder war ein deutscher Gelehrter. Er wandte sich nicht gegen die verschrobenen Zustände des Lebens, was auch freilich bei der Gleichgültigkeit für die

allgemeinen Interessen des Vaterlandes wenig genützt hätte –
er wandte sich gegen die Verbildungen und gegen die Unna-
tur in der Kunst. Er erklärte, daß die Dichtkunst nicht das
Erbtheil einiger feinen gebildeten Männer sei, sondern der
ganzen Menschheit angehöre; daß also Jeder, auch der Niedrigste aus dem Volke zur Theilnahme an dem Schaffen und
Genießen in der Dichtkunst berufen und auch berechtigt sei.
Einfachheit und Wahrheit forderte er in Stelle der gemachten
Hoheit, der leeren Würde und der gelehrten Verdrehungen,
Spielereien und Spitzfindigkeiten. Deßhalb stellte er auch die
Natur- und Volksdichtung, in denen die unmittelbare Empfindung und die Kraft der Wirklichkeit waltet, viel höher als
die nach den strengsten Regeln und beengendsten Gesetzen gear-
beiteten Dichterwerke seiner Zeit. Durch solche Grundsätze forderte er die Poesie zurück aus den Händen der gelehrten und
vornehmen Stände, um sie dem ganzen Volke, dessen Eigenthum sie ist, zurückzugeben. Durch eine Sammlung von Gedichten aus allen Zeiten und Völkern, die er Stimmen der
Völker in Liedern nannte, suchte er nachzuweisen, daß die ein-
fache, ungekünstelte Poesie der Empfindung und der Leidenschaft auch die schönste sei. In einer Zeit, wo man von jeder Naturwahrheit so entfernt war, wie im vorigen Jahrhundert, mußten Herders Lehren die gewaltigste Aufregung
hervorrufen. Die Anhänger des Alten tadelten Herdern ebenso
hart, wie die fähigere und geistvollere Jugend ihm freudig
beistimmte und in ihm den Befreier von dem drückenden Joch
der Schule und der Regeln begrüßte. Diese Jugend säumte
auch nicht, Herders Kunstlehren auf das Leben selbst zu übertragen: die Fesseln der steifen Herkömmlichkeiten wurden ge-
brochen, und in die Stelle der lügnerischen Höflichkeiten drängte
sich Offenheit, Treue und Derbheit. Wenn die Stürmischeren
und Glühenderen auch in dem Hohne und der Verachtung,
mit welcher sie alle herkömmliche Sitte behandelten, nicht selten das rechte Maaß überschritten, und hier und dort die gesellschaftliche Heuchelei und Verstellung nur der Rohheit und
selbst Unsittlichkeit Platz machte: so darf man darüber nicht
zu hart urtheilen. Wenn alte, feste Schranken der Gesellschaft durchbrochen werden sollen, so geht Das nie ohne Hef-
tigkeit und leidenschaftliche Uebertreibungen. Freilich erhob
man gegen die jungen Brauseköpfe, die sich erkühnten, Zopf
und Perücke zu vernichten, die so schamlos waren, ihr eigenes
Haar kurz abgeschnitten zu tragen, die sich nicht mehr vor
jedem Junker erniedrigen, ihn nicht mehr „gnädigster Herr"

nennen wollten und andere Abscheulichkeiten der Art begingen
— man erhob großes Geschrei, schwere Anklagen gegen sie;
aber sie hatten die tüchtigsten Männer des Volkes wenigstens
insofern für sich, als auch diese die Nothwendigkeit anerkann-
ten, daß wir uns aus der Unnatur aller unserer Zustände
und aus dem Druck des gesellschaftlichen Lebens zur natürli-
chen Einfachheit und zu einer freieren Bewegung hindurch arbeiten müßten. Und die Befürchtungen der Anhänger des
Alten, der Zöpfe und der Perücken, daß die junge Brut das
ganze Leben umkehren und verwirren, Zucht und Sitte unter-
graben würden, sind auch nicht in Erfüllung gegangen. Das
nächste dauernde und noch wirkende Ergebniß der Herderschen
Lehren und ihrer Aufregung in den gebildeten und gelehrten
Kreisen war, daß die zwei größten Dichter der neueren Zeit,
Göthe und Schiller, indem sie sich an jene Lehren anlehnten,
die Möglichkeit gewannen, ihr herrliches Talent frei zu entwickeln. Das ist freilich ein ungeheures Ergebniß. Denn
das Talent Göthe's und Schiller's entwickelte sich eben dahin,
die Poesie dem Volke zurückzugeben, das ganze Volk mitgenie-
ßen zu lassen an den schönen und erhabenen Schöpfungen ihres
Geistes. Die mächtigste und stärkste Schranke, welche die
Masse des Volkes von den Vornehmen und Gelehrten trennen
kann, ist der Unterschied in der Auffassung des Schönen und
des Wahren. Fällt dieser Unterschied weg, so hört ein Volk
auf, einen großen Pöbel zu haben; und bei uns ist dadurch
der Anfang gemacht, diesen Unterschied hinwegzuräumen, daß
Göthe und besonders Schiller Werke geschaffen hat, die von
Jedem aus dem Volke verstanden werden können, die dem
Gebildetsten und Vornehmsten ebenso viel Freude und Erhebung verschaffen, wie dem niedrigsten Mann aus dem Volke.
Solche Werke sind wahre Volkspoesie, nicht etwa jene schmu-
zigen, gemeinen oder albernen Machwerke, welche man so oft
mit dem Namen Volkspoesie beehrt und dadurch das Volk eigentlich beschimpft. Daß wir eine solche Volkspoesie haben,
welche zugleich die schönsten und erhabensten Werke der Nation überhaupt sind, verdanken wir nur den Lehren und Anregungen Herders; und so verdanken wir diesem Manne zugleich den besten Theil unserer jetzigen Volksbildung. Aber
auch unmittelbar selbst hat Herder auf unsere Bildung durch
die Schule gewirkt. Ein Aufsatz: „Das Ideal einer Schule"
— welchen er schrieb, kämpfte gegen den todten Wortkram,
der damals in den Schulen herrschte und forderte, daß dagegen die Dinge gelehrt würden, welche unmittelbar auf

das Leben Bezug haben: Mathematik, Naturlehre, Geschichte.
Wenn auch Andere erst nach ihm in die Schule wirklich ein-
führten, was jetzt das Beste unserer Schul-Bildung ausmacht,
so hat doch er auch dazu die Anregung gegeben. — Inzwischen war Herder im Jahre 1771 von dem bekannten Feld-
herrn Wilhelm von Lippe-Schaumburg als Consistorialrath
und Hofprediger nach Bückeburg berufen worden. Hier erwarb er sich zuerst als theologischer Schriftsteller einen Namen durch seine Schrift über die älteste Urkunde des Menschengeschlechts, d. h. über die mosaische Schöpfungsgeschichte.
Wo wir die sittlichen Zustände in einer solchen Verunstaltung
sehen, wie im vorigen Jahrhundert, da dürfen wir nicht erwarten, daß die Religion in einer würdigen Weise behandelt
werde. Die gelehrten Theologen klaubten an dem Buchstaben
der heiligen Schrift, und die Prediger zankten sich auf den
Kanzeln über einzelne Glaubenssätze, die oft wenig oder gar
nichts mit dem Wesen der Religion gemein hatten. Herder
forderte Achtung vor dem Geiste der Bibel, aber nicht vor
dem todten Buchstaben: mit allen Hülfsmitteln der Wissenschaft und der Vernunft, verlangte er, solle die Bibel gelesen
und erklärt werden.

Mit heiligem Eifer, mit einer wahren Begeisterung focht
er für diese Ansicht und so war er es vor allen Andern, der
die Bahn brach zu einer freieren Auslegung der Bibel und
würdigeren Behandlung der Religion in der protestantischen
Kirche. Als er im Jahre 1776 Hofprediger, Generalsuper-
intendent und Oberconsistorialrath in Weimar und endlich im
Jahre 1801 Präsident des Oberconsistoriums wnrde, hat er
in dieser hohen Stellung auf's segensreichste für die Entwickelung eines reineren protestantischen Geistes gewirkt; obgleich
sich inzwischen in dem älteren und besonneren Mann der
jugendliche Feuereifer schon abgekühlt hatte. Eine nicht geringe
Zahl ausgezeichneter und in die Entwickelung unseres ganzen
Volkslebens tief eingreifender Werke lasse ich hier unerwähnt,
wo es nur darauf ankam ein ganz allgemeines Bild von der
Bedeutung des Mannes aufzustellen.

Der Tod endete seine reiche und schöne Wirksamkeit im
Jahre 1803; nachdem er noch zuvor von dem Kurfürsten von
Baiern in den Adelstand erhoben worden, was freilich für uns
seinem Werthe nichts zusetzen kann. — Wir schreiten nun allerdings schon fester vor auf den Wegen, die Herder ange-
bahnt hat, doch eine tüchtige Zeit und ihr Geschlecht begnügt
sich nicht mit Dem, was Andere ihr gewonnen, sondern sie will

selbst Großes und Segensreiches schaffen. Hoffen wir auch
Das von der unseren.

---

6. Der Gebrauch der Fremdwörter.

Meine Herren!

Unsere Sprache stammt zwar von dem Sanskrit ab, der
alten heiligen Sprache des Hinduvolkes und der Braminen
in Indien; aber Jahrtausende sind verflossen, seitdem sie sich
ganz selbstständig zu entwickeln begonnen. Deßhalb besitzt sie
auch alle Eigenschaften einer ursprünglichen, einer Mutter=
sprache und hat, als solche, in sich selbst eine unerschöpfliche
Quelle immer neuer Wortbildungen, sobald diese durch die
Entwicklung des Volksgeistes nöthig werden. Dennoch sind
bei uns fremde Wörter in großer Zahl üblich geworden.

Erlauben Sie mir, m. H. mit Ihnen die Ursachen dieser
Erscheinung aufzusuchen und die Grenzen zu bezeichnen, wo
der Gebrauch der fremden Wörter ein nothwendiger und nütz=
licher, und wo er anfängt ein tadelnswerther und schädlicher
zu werden.

Die Vermischung unserer Sprache mit fremden Wörtern
ist ein kleines Zeichen von einem großen Uebel — von der
Ohnmacht nämlich, in welcher Deutschland etwa zwei Jahr=
hunderte darnieder gelegen. Wollen wir jene Vermischung
erklären, müssen wir auf den Grund dieses Uebels zurück=
gehen. — Deutschland war bis zum Jahre 1805 ein Wahl=
reich, in welchen viele Fürsten, Herren und freie Städte neben
dem erwählten Kaiser großes Ansehen genossen und eine große
Macht übten. Das Interesse dieser Fürsten, Herren und
freien Städte ging vorzüglich dahin, sich so unabhängig, wie
möglich von dem Kaiser zu machen. Deßhalb sahen sie mei=
stens weniger auf den Vortheil des gesammten Vaterlandes,
als auf den Vortheil ihrer Familien, ihres Hauses und ihrer
besondern Gebiete. Dazu kam noch, daß seit der Reforma=
tion sich die Deutschen in drei große religiöse Parteien: Ka=
tholiken, Lutheraner und Reformirte — theilten und die Pfaffen
aller drei Parteien einen gegenseitigen Haß nährten, der nur
zu oft des Vaterlandes Wohl vergessen machte. Bündnisse
mit fremden Mächten wurden geschlossen, und von Deutschen
selbst der Feind ins Vaterland gerufen. Deßhalb unterlag
auch Deutschland, so reich, so mächtig, so voll von starken
und tapfern Männern, in den Kriegen mit seinen weit schwäche=

ren Nachbaren, diesen doch meistens. Eine Provinz nach der anderen, wie Holland, Belgien, Lothringen, das Elsaß, die schönsten, gewerbfleißigsten und reichsten Länder wurden uns entrissen; und das, durch seine Spaltungen machtlose Deutschland wurde der Schauplatz, auf welchem die Nachbarstaaten ihre Schlachten schlugen, ihre Zwiste auskämpften. Franzosen, Spanier, Engländer, Holländer, Schweden und endlich auch Russen zerstampften mit ihren Rossen die Saaten Deutschlands, plünderten und verwüsteten mit ihren Söldlingen unsere Städte und richteten unsern Handel und Gewerbfleiß zu Grunde. So war es in dem 30jährigen Kriege gewesen; so blieb es bis in die neuern Zeiten. Für ein durch eigene Schuld ohnmächtiges, von den Nachbarn geringschätztes und mißhandeltes Vaterland kann der Bürger keine Begeisterung, keine Liebe in der Brust nähren. Fürsten, Herren und freie Städte hatten das Beispiel darin gegeben, ihren Vortheil von dem des gemeinsamen Vaterlandes zu trennen; die Unterthanen folgten ihnen nach. Jeder Stand dachte nur auf sein Ansehn, seine Ehre, jeder nur auf seinen Vortheil. War es da zu verwundern, wenn auch die gemeinsame Sprache des Vaterlandes in Mißachtung gerieth? — Seit dem 30jährigen Kriege hatten sich die Deutschen an die Töne fremder Sprachen gewöhnt: unsere Nachbaren sorgten dafür, daß sie uns stets in der Erinnerung blieben; und die Deutschen selbst, bei der Gleichgültigkeit gegen das Vaterland, schämten sich wol gar ihrer Sprache. Denn in jenen unseligen Zeiten fehlte dem Deutschen die wahre Ehre, welche immer nur dadurch erworben werden kann, daß wir, selbst mit Hintenansetzen unseres eigenen nächsten Vortheils, für Wahrheit, Recht und zum Heil größerer Lebenskreise wirken. Wem diese Ehre fehlt, der sucht einen Ersatz und eine Befriedigung in eitlen Ehren. Diese fanden die höheren Stände zum Theil darin, daß sie sich von den unteren Ständen streng sonderten, damit diese um so mehr in Ehrfurcht und Unterwürfigkeit zu ihnen emporschauten. Ein Mittel nun, solche Sonderung scharf durchzuführen, wurde die Sprache. Der Adel und die Vornehmen sprachen und schrieben französisch und verbanden sich dadurch gewissermaßen mit den französischen Königen, deren Eroberungssucht vorzüglich den Zwiespalt und das Unglück Deutschlands nährte. Die Gelehrten sprachen und schrieben lateinisch, wußten mehr von den alten untergegangenen Reichen der Griechen und Römer, als von ihrem eigenen Vaterlande, zu dessen Erziehung und Lehre sie dasein sollten. So geschah es, daß Adel, Vornehme und Gelehrte sich in den fremden Sprachen gewandter ausdrücken konnten, als in der Muttersprache, und daß sie selbst, wo sie diese zu reden genöthigt waren, fremde Ausdrücke absichtlich und unabsichtlich gebrauchten.

Der Bürgerstand, welcher gewöhnlich schwach genug ist, in allen Aeußerlichkeiten den Vornehmen nachzuahmen, blieb damals um so weniger in der Sprachmengerei zurück, als sich die Vornehmern eben durch diese von den untern Ständen zu unterscheiden suchten, und sie als ein unverkennbares Zeichen der Vornehmheit galt. So wurde unsere schöne Sprache so arg entstellt, daß sie Gefahr lief, ein tolles Gemisch von Deutsch, Lateinisch, Griechisch, Französisch, Italienisch, Englisch und Spanisch zu werden.

Schon bald nach dem 30jährigen Kriege hatte diese Sprachverderbniß einen so hohen Grad erreicht, daß ein berühmter Dichter und Gelehrter jener Zeit, Philipp von Zesen, dagegen zu eifern sich aufgefordert fühlte. Wenn er auch in seinen Verdeutschungen fremder Wörter oft sehr ungeschickt gewesen sein mag, wie er denn das Wort „Mantel" (von dem französischen „manteau") „Windfang" — „Fenster" (von dem latein. „fenestra") „Tageleuchter" — und das italienische pianoforte „Schwachstarktonkasten" verdeutscht haben soll: so war doch sein Bestreben überhaupt gewiß löblich und verdiente keinesweges so lächerlich gemacht zu werden, wie es einige seiner Zeitgenossen versuchten. Aber vergeblich mußte sein Bestreben, so wie das mancher Anderer nach ihm, dennoch bleiben. —

Wir haben gesehen, daß das Uebel tiefer lag, als in einem bloßen Gefallen an den fremden Wörtern, daß es seinen Grund hatte in dem ganzen unseligen Zustande Deutschlands, seiner Fürsten und Völker. Erst wenn dies größere Uebel beseitigt worden, wenn Deutschland sich zu einer höhern Selbstständigkeit, seine Bewohner sich zu einem edlern Selbstbewußtsein erhoben hatten, konnte auch das kleinere Uebel — die Sprachmengerei — mit glücklichem Erfolge bekämpft werden. Jenes größere Uebel beseitigte Friedrich der Große. Er zeigte, was selbst ein nur kleiner Theil Deutschlands an Muth, Tapferkeit und Hingebung für das Vaterland gegen eine Welt in Waffen vermöge, wenn es von einem hohen Geiste entflammt worden. Seine Siege verschafften den Deutschen wieder die Achtung bei den Nachbarvölkern, welche sie seit länger als einem Jahrhundert verscherzt hatten; und der aufgeklärte

Geist seiner freisinnigen Regierung rief ein Regen und Bewegen in Preußen hervor, das sich über ganz Deutschland
verbreitete und dem Volke das Vertrauen zu sich selbst und
den ihm inwohnenden Kräften neu erweckte. Die größten
Geister unseres Volkes erstanden, und auf den Gebieten der
Kunst, der Wissenschaft und des Gewerbfleißes wurden die
außerordentlichsten Fortschritte gemacht, welche selbst durch
Napoleons Eindringen in Deutschland und durch die zeitwei-
lige Unterjochung unseres Vaterlandes eher gefördert, als gehemmt wurden. — Mit der Achtung vor sich selbst, erwachte
auch in dem deutschen Volke die Vaterlandsliebe neu, und
sie drängte die selbstsüchtigen und kleinlichen Standesinteressen
und die vielen Standesvorurtheile tiefer und tiefer in den
Hintergrund. Ein Streben, das Anerkennung finden, das
als ehrenwerth gelten will, muß dem Vaterlande, der Wahrheit, der Freiheit und dem Recht geweiht sein. Schon wagt
es auch Niemand mehr, unter uns offen zu bekennen, daß er
nur die Vortheile seines Standes im Auge habe; und Standesvorurtheile sind jetzt mehr lächerlich, als gefährlich. Da ist
denn auch die Eitelkeit, sich durch den albernen Gebrauch
fremder Wörter als einen Menschen höhern Standes kundzu-
geben, fast ganz verschwunden.

Das ist aber nicht ein Ergebniß von den Bemühungen
Einzelner, sondern die Folge des veränderten Zustandes des
ganzen Volks, die Folge der höheren politischen Macht Deutschlands und der freieren Bildung seiner Bewohner. Frühere
Zustände eines Volkes und der Character, welchen es durch
sie gewann, lassen sich indessen nicht leicht vollständig abstrei-
fen; und so hören wir denn auch noch immer unsere Sprache
mit fremden Ausdrücken versetzt. Doch, es ist auch nicht
möglich, alle fremde Wörter zurückzuweisen. In der Kunst,
in der Wissenschaft, im Gewerbe haben wir viele fremde Ausdrücke, die sich nur durch schwerfällige Zusammensetzungen
deutscher Wörter wiedergeben ließen — Zusammensetzungen,
die noch dazu vorläufig den Meisten unverständlich sein würden; während die jetzt gebräuchlichen fremden Ausdrücke meistens allen Fachgenossen der ganzen Erde verständlich und auch
bei ihnen gebräuchlich sind. Solche Wörter sind z. B. Physik,
Metall, Presse u. m. a. Je mehr Kunst, Wissenschaft und
Gewerbe jetzt dahin wirken, alle Völker der gebildeten Welt
einander näher zu rücken, sie in ihren Vorstellungen, Gesin-
nungen und Bestrebungen immer mehr und mehr zu einem
großen friedlichen Ganzen zu verschmelzen und so die eben

so verderblichen als unfittlichen Eiferfüchteleien und Feind=
schaften der Völker untereinander zu befeitigen, um fo weniger
kann fich ein Volk, ohne die erheblichften Nachtheile, von den
übrigen dadurch fondern, daß es fich feine eigenen Ausdrücke
und Formen für die bisher gemeinfamen, auf den allen Völ=
kern gemeinfamen Gebieten des Lebens, bildete. Wir würden
dadurch andeuten, daß wir die gemeinfchaftliche Bahn ver=
laffen, und die unfere felbftftändig und allein verfolgen wollten.
Das würde denn auch bald gefchehen, und wir müßten dann
die bittere Erfahrung machen, daß ein einzelnes Volk dort
wenig leiften kann, wo nur durch ein gemeinfames Zufam=
menwirken aller beften Kräfte der Menfchheit Großes zu er=
reichen ift. Wie in einer Wiffenfchaft, einer Kunft, einem
Gewerbe nicht ein Menfch nach allen Seiten hin das Voll=
kommenfte leiftet: fo auch nicht in den Wiffenfchaften, Kün=
ften und Gewerben ein Volk. Es müffen fich vielmehr die
Völker gegenfeitig die Bruderhand reichen, um den hohen
Zielen der Menfchheit, der Wahrheit, der fittlichen Freiheit
und dem menfchlichen Glück immer näher zu rücken.

Wie wir die fremden Ausdrücke in Wiffenfchaft, Kunft
und Gewerbe nicht befeitigen können, eben fo ift es mit denen,
die da Lebensgebräuche, Sitten oder Erzeugniffe bezeichnen,
welche einem Lande eigenthümlich find; eben fo ift es auch
mit denen, die aus der ganz befondern Anfchauungs= und
Auffaffungsweife eines Volkes von einzelnen Lebensverhält=
niffen hervorgegangen find. Wie wir für diefe keine Vor=
ftellungsweife in uns finden, können wir auch kein Wort für
fie haben; und wollten wir uns ein folches bilden, fo würde
das meiftens gefucht, gezwungen und doch nicht bezeichnend
genug erfcheinen. Andere Völker haben freilich in der Regel
eine größere Gewandtheit, als wir Deutfche, das Fremde fich
gleich fo anzueignen, als wäre es immer ihr Eigenthum ge=
wefen; und dann finden fie auch zugleich eine Bezeichnung
für die Sache aus ihrer Sprache heraus. Aber wir wollen
über unfere größere Schwerfälligkeit in diefer Beziehung nicht
grollen. Denn das Tüchtige und Vernünftige, woher es auch
ftammen mochte, hat noch immer in Deutfchland Männer ge=
funden, die es anzuerkennen, und endlich auch zum Gemeingut
des Volks zu machen wußten. Mochte es dann auch einen
fremden Namen führen: Das hat der Sache felbft wenig Ab=
bruch gethan.

Widerwärtig dagegen ift es, wenn wir Jemand hören,
der feine Rede mit fremden Wörtern ausfchmückt, um fich

dadurch das Ansehen eines höher und feiner Gebildeten zu geben. Gebraucht ein Solcher nun gar die Wörter, wie man Das nicht selten hört, in einem unrichtigen Sinne oder verdreht dieselben, wie „inveniös“ statt „inventiös, „conventiren“ statt, „conveniren,“ so macht er sich obenein noch lächerlich und gelangt gerade zum Gegentheil Dessen, was er zu erreichen wünscht. Statt der Anerkennung seiner bessern Bildung, wird ihm nur die Zuerkennung einer größern Narrheit. Wer seiner Sache also nicht gewiß ist, muß schon um seiner selbst willen, die fremden Wörter vermeiden; wir Alle aber müssen eine so kleinliche Eitelkeit mit fremden Wörtern glänzen zu wollen, um so mehr verschmähen, als der Gebrauch derselben zugleich eine Erinnerung an einen unseligen Zustand unseres Vaterlandes ist — eine Erinnerung, die wir gern in jeder Weise vergessen machen wollen.

----

7. Der Gebrauch der Sprüchwörter.

Meine Herren!

Jeder kommt in Lagen, wo es ihm zweifelhaft ist, ob er diesen oder jenen Weg einschlagen soll, ob in dieser oder jener Richtung das Gute, Rechte und Nützliche liegt. Da entscheidet für uns nicht selten ein Sprüchwort. Jeder kommt auch in den Fall, wo er zweifelhaft ist, ob Das, was er schon gewählt und vollführt hat, wol das Rechte und Nützliche war. Da läßt er sich gern durch ein Sprüchwort beruhigen. So werden die Sprüchwörter für uns bedeutend. Deßhalb, meine Herren, wollen sie mir gestatten, über den Werth der Sprüchwörter und deren Gebrauch einen kurzen Vortrag zu halten.

Die meisten Sprüchwörter haben ein sehr hohes Alter; und Das trägt nicht wenig dazu bei, ihr Ansehn zu heben. Das Alter macht allerdings den Mann ehrwürdig, wenn sich mit demselben ein Reichthum von Erlebnissen und Erfahrungen verknüpft, die einen edlen Geist herrlich reiften und ihn zu einem glänzenden Goldschacht des Rechtes, der Wahrheit und der Menschenliebe ausbildeten. Wer ein solches Alter ehrt, legt dadurch für sich selbst das trefflichste Zeugniß ab. Aber wir Deutsche haben, zu unserem nicht geringen Nachtheil, nur zu oft Achtung und selbst Ehrfurcht vor Dingen, Sitten, Einrichtungen und Gewohnheiten allein, weil sie alt sind. Und

doch sollte uns Das gerade mißtrauisch gegen sie machen.
Denn die Dinge der Erde sind in einem steten Flusse, in
einem steten Entstehen und Vergehen; und was lange ge-
blüht, gewirkt und gegolten, ist eben deßhalb um so näher
dem Ziele alles Irdischen, dem Untergange. Je geistiger, je
edler der Gehalt der Dinge ist, um so flüssiger um so ver-
änderlicher ist ihre Form, je geistloser und roher, um so
starrer und beharrlicher. Es giebt freilich Anschauungen und
Erfahrungen, die sich Jahrhunderte immer neu bestätigt haben,
und deßhalb mit Recht geachtet werden; aber auch sie können
für andere Verhältnisse und für andere Einsichten unzureichend
werden. Dann fordert die Vernunft ihre Verwerfung, und
wir verwerfen sie mit Recht. So dürften wir auch auf die
Sprüchwörter deßhalb kein Gewicht legen, weil sie alt sind,
wenn sie nicht durch ihre innere Wahrheit Achtung gebieten.
— Aber bei den Sprüchwörtern ist auch gerade ihr hohes
Alter ein Grund auf ihren Rath kein besonderes Gewicht zu
legen. Sie entstehen nämlich meistens in den Zeiten der
Völker, wo noch Niemand im Stande ist, das ganze Leben
in seinem innersten Zusammenhange zu überschauen und zu
erfassen, und wo der denkende Geist sich nur an einzelne
Erscheinungen, einzelne Vorgänge und Ereignisse wagen kann.
Die Gesetze, die Gründe dieser einzelnen Vorgänge und Ereignisse und ihrer Verhältnisse zu andern Dingen sucht man
auf und kommt so zu einer Erfahrung, die man in der Form
des Sprüchworts ausspricht. Ein besonderer, einzelner Vor-
gang kann aber nie alle Seiten der Sache, welche vorgeht,
darstellen: die Verhältnisse dürfen sich nur ein wenig ändern,
die Personen dürfen nur andere sein, Beide dürfen nur mit
einem anderen Auge angeschaut werden: und die Sache geht
dann in einer andern Weise vor, die Erfahrung wird eine
andere, und das Sprüchwort giebt uns dann über dieselbe
Sache gerade die entgegengesetzte Lehre. So haben wir denn
auch eine nicht geringe Anzahl von Sprüchwörtern, die gerade
das Entgegengesetzte aufstellen, wie: „Mit Harren und Hoffen
hat's Mancher getroffen;“ dagegen: „Hoffen und Harren
macht Manchen zum Narren.“ — „Wer nicht wagt, nicht
gewinnt;“ und: „Erst wieg's, dann wag's. — „Ehrlich währt
am längsten;“ und: „Mit großen Herren soll man seid'ne Worte
reden.“ — „Wie der Herr, so der Knecht;“ und: Je blinder
der Herr, je heller der Knecht.“ — So könnte ich noch eine
große Zahl anderer Sprüchwörter anführen, die sich selbst
widersprechen. Viele enthalten aber auch geradehin Lehren,

die unrechtlich und unsittlich sind. Wie oft wird nicht das
Sprüchwort: „Jeder ist sich selbst der Nächste" — angewandt,
um die schmutzigste Selbstsucht, die empörendste Härte zu be-
schönigen! Wie oft ist nicht das Sprüchwort: „Mit den Wöl-
fen muß man heulen," — zur Entschuldigung für die elendste
Schwäche und verächtlichste Unselbstständigkeit gebraucht worden! Wie oft haben schwache Eltern mit dem Sprüchwort:
„Jugend hat keine Tugend" — die Laster ihrer Kinder ver-
theidigt! Und mit dem Sprüchwort: „Mit dem Hut in der
Hand, kommt man durch's ganze Land" — glaubt sich
mancher kriechende Schmeichler und Speichellecker gerecht-
fertigt. Jene sich widersprechenden Gegensätze und diese un-
sittlichen Lehren der Sprüchwörter müssen uns wenigstens zur
größten Behutsamkeit und Vorsicht in der Anwendung derselben auffordern. Wir müssen erst genau untersuchen, ob
die Verhältnisse der Sache, über die wir eine Entscheidung
treffen sollen, auch dieselben sind, wie jene etwa waren, unter
denen das Sprüchwort entstand. Das wäre doch eine sehr
schwerfällige und zugleich unnütze Arbeit.

Indessen will ich keinesweges läugnen, daß es nicht
manches Sprüchwort von gesundem, kernhaftem Sinne gäbe,
Sprüchwörter, die das innerste Wesen der Dinge treffen.
Diese, wie: „Wo Gewalt Herr ist, ist Gerechtigkeit Knecht;"
— „Das Gewissen ist der Menschen Schuldbuch;" — „Wer
Andere anschwärzt, ist darum nicht weiß;" — Je mehr Gesetz,
je weniger Recht," — solche und andere Aussprüche werden
ihre ewige Geltung haben. Und es wäre auch seltsam, wenn
der Beobachtungsgeist eines Volkes im Laufe von Jahrhunderten nicht einzelne Bemerkungen gemacht hätte, die wahr
und tief auf die Sache eingehen. Das wäre um so seltsamer,
als die Sprüchwörter aus dem Volke hervorgehen, als sich
eben in ihnen die Weisheit des Volkes, die ganze Summe
seines verständigen Sinnes ausspricht. Die Weisheit des
Volks und sein verständiger Sinn werden sich aber in den
Dingen des alltäglichen Lebens durchweg freier, kräftiger und
treffender ausweisen, als das durch Rücksichten tausendfacher
Art gebundene und beschränkte Urtheil der Gelehrten und der
Menschen vornehmer Stände. Deßhalb muß auch in den
Sprüchwörtern etwas stecken. Und in der That bieten die
Sprüchwörter einen Reichthum von Erfahrungen, der alle
Seiten des Lebens berührt, der über alle Lebensverhältnisse
treffliche Urtheile fällt. Aber wenn wir den Sprüchwörtern
im Großen und Ganzen unsere Anerkennung zollen, wenn

ihre Gesammtheit auch den Eindruck einer kräftigen Verstän=
digkeit macht: so wird eben die Einseitigkeit und Schiefheit
des einzelnen Sprüchworts nur ausgeglichen für Den, welcher
den gesunden Geist ihrer Gesammtheit zu erfassen versteht;
und sie gewähren diesem die freudige Beruhigung, daß in der
Menschheit überall das Licht der Wahrheit und des Rechts
hindurch bricht und fortleuchtet, wie sehr auch ein Ueberbau
von Unvernunft und Verkehrtheiten sie verdecken möge. — Daß
gerade wir Deutsche einen Reichthum trefflicher Sprüchwörter
haben, ist nicht auffällig. Denn wir haben bisher gerade unsere
größte Kraft im Denken gezeigt, und man hat uns deßhalb auch mit
Recht das Lob gezollt, daß wir ein Volk von Denkern seien. Das
Lob wäre groß, sehr groß, wenn wir es auch verstanden
hätten, dem guten und gesunden Gedanken die entsprechende,
kräftige That folgen zu lassen. Aber gerade, weil wir es an
der That fehlen ließen, deßhalb hat man uns Denker ge=
nannt. Doch es wird, es muß auch für uns einst die Zeit
der Thaten kommen; und diese werden dann um so schöner
sein, sie werden um so Ersprießlicheres ins Leben rufen, je
tiefer sich in uns durch den klaren Gedanken die Ueberzeugung
von der Würde und Hoheit des Menschen festgesetzt hat, die
Ueberzeugung, daß wir in einem Handeln für Wahrheit
sittliche Freiheit und Recht das höchste Glück zu finden be=
rufen sind.

Wer sich aber an einzelne Sprüchwörter hält, wer nach
diesen seine Thaten bestimmen und seine Handlungen durch
sie rechtfertigen will: der ist eben noch weit entfernt von dem
klaren Gedanken, den unsere Zeit fordert. Unsere Zeit for=
dert, daß wir uns nie durch einzelne Erscheinungen bestechen,
durch diesen oder jenen glänzenden Vorzug täuschen und un=
sere Handlungsweise dadurch bestimmen lassen; unsere Zeit
fordert vielmehr, daß ein Jeder sich mehr und mehr bewußt
werde, daß er sich zu einem vernünftigen, sittlich freien Wesen
auszubilden habe. In unserm Thun und Lassen müssen wir
dies Ziel im Auge haben: die Rechte, welche uns als sittlich
freien Wesen zustehen nie aufgeben, aber auch die Pflichten,
welche uns als solchen obliegen, nie versäumen. Wenn wir
uns gewöhnen, so aus dem großen Bewußtsein unserer Mensch=
lichkeit herauszuhandeln, dann werden wir der Sprüchwörter
nicht bedürfen, werden uns durch sie nicht irre leiten lassen
und werden es auch eben so verschmähen, Andere durch Sprüch=
wörter unsern Wünschen geneigt zu machen. Denn dazu wird
gerade das Sprüchwort am häufigsten gebraucht, Andere zu

einem raschen Entschluß zu treiben, den wir herbeiwünschen, der aber dem Anderen vielleicht sehr nachtheilig ist. Bei der Kürze und Bestimmtheit, mit denen die Sprüchwörter ihre Forderungen und Lehren aufstellen, üben sie eine gebietende Macht, die keinen Widerspruch zu dulden scheint; und eben deßhalb sind sie eine so vortheilhafte Waffe für Den, der sie zu handhaben weiß, und so gefährlich für Den, gegen welchen sie gewendet wird. Es ist aber stets eine tadelnswerthe Schwäche, sich dadurch bestimmen zu lassen, daß dieser oder Jener es gesagt hat, oder dadurch, daß Dieses oder Jenes die allgemeine Meinung sei. Jeder muß seine eigenen Handlungen vertreten, also handle er auch nur so, wie es ihm seine vernünftige Einsicht heißt und sein wahrhaftiges Urtheil gebietet. Selbstständigkeit in Wort und That ist das Kennzeichen des wahren, des tüchtigen Mannes. Männer der Selbstständigkeit in Wort und That zu sein oder, wenn wir es nicht sind, zu werden: das sei unser unablässiges Streben.

---

8. Die Höflichkeitsformen.

Meine Herren!

Die Höflichkeitsformen, mit denen sich die Menschen gegenseitig behandeln, scheinen etwas sehr Bedeutungsloses, sie sind Das aber insofern nicht, als sie jene Gesinnung, welche wir für Andere hegen, andeuten oder wenigstens andeuten sollen. Wenn unsere Höflichkeitsbezeugungen mit Erniedrigung und Herabwürdigung verbunden, wenn sie kriechend und knechtisch sind: dann darf man voraussetzen, daß unsere Gesinnung Dem entspreche, daß wir auch niedrig und knechtisch denken und empfinden. Das wird gar zu oft vergessen, und man setzt wol gar einen Vorzug darin, sich schmeichelnder und demüthiger betragen zu können, als ein Anderer. —

Gewiß nur Wenige von uns haben über den Werth oder Unwerth der Höflichkeitsformen nachgedacht; und doch ist es so ersprießlich, daß wir die Bedeutung alles Dessen, was wir täglich thun und treiben, wohl kennen, damit wir nicht ein bloßes Machwerk der Zeit, des Herkommens, der Gewohnheiten und Sitten, ein bewußtseinloses Geschöpf An=

derer werden. Denn wir sollen denkende und nach eigener Einsicht sittlich und vernünftig handelnde Wesen sein.

Wenn ich nun über die Höflichkeitsformen zu sprechen beabsichtige, so fürchten Sie nicht, daß ich Ihnen die Regeln der Höflichkeit aufstellen werde. Das mögen Andere thun: mir ist die Zeit unseres Zusammenseins dafür zu kostbar; aber über den Ursprung, den Werth und die Nothwendigkeit der Höflichkeitsformen wollen Sie mir zu sprechen gestatten.

Die Bezeichnung „Höflichkeit" ist abgeleitet von „Hof" und deutet uns an, daß die Sache, welche wir mit jenem Worte benennen, von den Höfen ausgegangen sei. Allerdings haben immer, so lange und wo es Höfe gegeben, diese die Gesetze des äußerlichen Bezeigens und Betragens geregelt; aber die Formen der Höflichkeit selbst sind so alt, als der Unterschied zwischen Herren und Knechten. Dieser Unterschied, der die größten aller Uebel und Gebrechen in seinem Gefolge hatte, hat auch die Höflichkeitsformen ins Leben gerufen, von diesem Unterschiede haben sie ihren Ursprung genommen. Das läßt sich auch aus der Art erkennen, wie sie in den frühsten Zeiten bezeigt wurden, und wie sie in den Ländern noch geübt werden, wo die bürgerliche Gesellschaft nicht aus Menschen besteht, sondern aus einigen Herren und aus einer Stufenfolge niedrigerer und weniger niedriger Knechte.

So durfte in dem alten Persien den Königen Niemand anders nahen, als mit zur Erde geworfenem Körper herankriechend. Die freien Griechen nannten ein solches Verehren sehr richtig hündisch, und die persischen Völker waren auch so feig und an männlichen Tugenden entartet, daß wenige hundert Griechen Tausende von Persern in die schimpflichste Flucht jagten. Bei einem solchen Volke konnte es denn auch geschehen, daß der Vater dem Könige, welcher ihm höhnend den Sohn erschossen hatte, schmeichelnd sagte: „Sicherer habe der Gott der Geschosse, Apollo, selbst nicht treffen können." Das war auch eine Höflichkeit, eine grausige! — In ähnlicher Weise, wie einst vor den Persischen Königen erscheint man jetzt vor dem Kaiser von China. Derjenige, welchem das hohe Glück zu Theil wird, diesen Sohn des Himmels, den alleinigen Herrscher der Welt — so lautet sein bescheidener Titel — zu schauen, muß sich, außer andern Albernheiten, auch der fügen, dreimal mit der Stirn den Erdboden zu berühren. Dieselbe Verehrung wird der Dose bewiesen, aus welcher der Kaiser seinen Betel kaut; wenn er selbst nicht die Gnade haben will, die Huldigung zu empfangen. In China sind überhaupt am Hofe und in dem Privatleben die Formen der Höflichkeit am ausgebildetsten; aber auch Verweichlichung, Wollust, Feigheit, Falschheit, Hartherzigkeit und alle Laster, die das Menschengeschlecht schänden, stehen nirgend auf einer solchen Höhe, wie in jenem Lande, welches die Blume feinen und vornehmen Anstandes genannt werden kann. — In Europa sind es die an Asien gränzenden Länder, in denen herabwürdigende Höflichkeiten sich am meisten erhalten haben — in der Türkei, in Rußland und Polen. In der Türkei naht sich der Niedere dem Höheren mit über die Brust gekreuzten Armen, fällt nieder und setzt den Fuß des Herren auf seinen Nacken zum Zeichen, daß er dem Anderen gegenüber nur ein Sclave sei; in Rußland und Polen, selbst noch in Böhmen küßt der Niedere dem Höheren den Saum des Kleides in demüthiger Stellung. — Vor der Revolution herrschte in Frankreich und noch mehr in Spanien eine übertriebene Höflichkeit und ein lächerliches Ceremoniel. In Spanien z. B. wurde Derjenige, welcher das Unglück hatte, den Fuß der Königin zu berühren, mit dem Tode bestraft; und als einst eine Königin vom Pferde fiel und mit dem Fuß im Steigbügel hängen blieb, war es sehr natürlich, daß ihre Umgebung zauderte, sie aus der augenscheinlichsten Gefahr zu retten. — Die Deutschen und überhaupt die Völker, in denen sich der deutsche Character reiner erhalten hat, als in den Franzosen und Spaniern, namentlich die Engländer, Schweden, Norwegen, Dänen, Holländer und Schweizer haben sich mit ihrer Offenheit und Treuherzigkeit immer zu ungeschickt gezeigt für knechtische Höflichkeiten. Das Niedrigste, bis zu dem wir es gebracht, war der Fußfall und das Küssen der Hand. Beides ist bei uns noch jetzt im Gebrauch, und wir tadeln es nicht der Frau gegenüber, für die wir Liebe und Verehrung empfinden. Aber von Demjenigen, welcher sich vor einem andern Manne zum Fußfalle und Handkuß herabläßt, glauben wir mit Recht, daß ihm das Bewußtsein der männlichen Würde fehle, und daß er diese Würde selbst nie besessen habe. — Besser als mit den Zeichen, ist es uns mit den Worten der Höflichkeit gelungen. Ein Vornehmer darf nur irgend Etwas sagen oder thun, was gut und menschlich ist, so wird Das von uns gerühmt, gepriesen, weitläufig beschrieben und wol gar besungen, wie die außerordentlichste That; und hätte Dasselbe ein Niederer gesagt oder gethan, man würde es nicht der Erwähnung werth gehalten haben. Das ist auch eine Höflichkeit, die man aber richtiger eine Schmeichelei nennen sollte, und noch dazu eine ungeschickte; denn, indem man die wohlwollende Freundlichkeit und die menschliche That des Vornehmen rühmt, deutet man dadurch schon an, daß solches Bezeigen bei ihm ungewöhnlich ist, daß man sie von ihm nicht erwarten durfte. Welcher Vorwurf aber liegt in der Schmeichelei, von Jemand nicht erwarten zu dürfen, daß er menschlich denke und empfinde! — Wenn wir Deutsche es in Schmeicheleien der Art sehr weit gebracht haben, so übertreffen wir alle andere Völker, die Chinesen vielleicht ausgenommen, in der Höflichkeit seltsamlicher Titulaturen. Man könnte uns das Volk der Titulaturen nennen. So viel auch schon unser Hoch-, Hoch- und Wohl-, Hochwohl-, Wohl- und Hochedelgeboren mit Spott und Ernst bekämpft worden: wir haben es bis auf unsere Tage ebenso fest gehalten, wie den unterthänigsten Knecht, den unterthänigsten, gehorsamsten, gehorsamen, ergebensten und ergebenen Diener. Auch unsere Anreden mit Er, Ihr, Sie, statt des vernünftigen Du sind uns heilig geblieben. Wie lächerlich ist aber die Anrede: „Sie," mit welcher wir nicht nur bezeichnen, daß die angeredete Person den Werth von mehreren Personen in sich fasse, sondern daß wir auch nicht anzunehmen wagen, sie würdige uns selbst ihrer Gegenwart. Denn das „Sie" bezeichnet vernünftiger Weise nur die abwesenden Personen, über welche wir sprechen. Wir geben uns also mit dieser Anrede auch noch den Schein, als wenn wir auch ebenso ehrerbietig über sie sprechen würden, wie wir jetzt zu ihr sprechen. Welche Heuchelei! Aber diese Höflichkeiten stehen nur auf dem geduldigen Papier oder wir sprechen sie so hin, ohne mit ihnen den Ernst des ausgesprochenen Wortes zu verbinden. Denn wir sagen mit derselben Gedankenlosigkeit: „Mein Herr v. Spitzbub, ich werde sie arretiren lassen" — und: „Er Grobian, ich werde ihm bedeuten;" — während es doch nach unseren Vorstellungen von Höflichkeit, billiger wär' zu sagen: „Er v. Spitzbub —" und „Sie, Herr Grobian." — Die Verwechselung geschieht ganz gedankenlos; aber man sollte eben nie gedankenlos sprechen und handeln; man sollte Das, was man sagt und thut, immer aus der innersten Ueberzeugung thun. Dies setzt nun freilich eine Höhe der sittlichen Entwickelung voraus, von der wir Alle noch sehr fern sind.

Wenn die Mehrzahl der Menschen wirklich sittlich gesinnt wäre, so würden die Zufälligkeiten der Geburt und des Glükkes keine Unterschiede mehr unter uns machen; und dann würden auch keine Höflichkeitsformen mehr vorgeschrieben werden.

Es würde ein Jeder sich gegen den Andern betragen, wie es ihm seine Gesinnung eingiebt; nach seiner Gesinnung gegen den Andern würde sich Wort und Benehmen abmessen; er würde keine Achtung und Verehrung heucheln, wenn Gering=schätzung und Verachtung in seiner Brust wohnen. So lange es aber noch der ungeheuren Mehrzahl, ja in Wahrheit allen Menschen noch an echt sittlicher Durchbildung, an der hinge=benden Begeisterung für Wahrheit und Recht fehlt, müssen Zufälligkeiten über die Stellungen der Menschen entscheiden, müssen Untüchtige und Schlechte oft Plätze einnehmen, die von der höchsten Wichtigkeit und Bedeutung sind. Für diese sind die Höflichkeitsformen eine Nothwendigkeit, wenn sie in dem Ansehn erhalten werden sollen, welches ihre Stellung fordert. Denn wollten wir uns gegen sie betragen, wie es mit unse=ren Ueberzeugungen von ihrer Würdigkeit zusammenstimmt: dann würden sich solche Menschen auch nicht auf ihren Plätzen behaupten können. —

Aber nicht nur das Mißverhältniß vieler Menschen zwi=schen ihrer Würdigkeit und ihrer Stellung erhält die Höflich=keitsformen noch lebendig; sondern sie sind auch ein Mittel, die geistige Hohlheit, Leerheit, Characterlosigkeit und selbst die Schlechtigkeit Einiger zu verschleiern und die Rohheit und Unbildung Anderer nicht in ihrer vollen Blöße auftreten zu lassen. In der vornehmen Welt giebt es viele Menschen, die eben weiter gar Nichts gelernt haben, als sich leicht und an=muthig in den Formen der Höflichkeit zu bewegen; und kämen diese ab, so verlören sie ihr Lebenselement, wie der Fisch, wel=chem man das Wasser nimmt. Das Leben würde ihnen so schaal, langweilig und leer werden, wie sie selber sind; und sie würden der menschlichen Gesellschaft so unnütz und überflüssig erscheinen, wie sie es längst waren. Diese Menschen bilden eine starke Stütze der Höflichkeitsformen. Dagegen giebt es wieder Andere, die innerlich so ungeschlacht und roh sind, daß sie überall anstoßen, kränken und beleidigen würden, wenn sie sich so betrügen, wie es mit ihrer Gesinnung übereinstimmt, wenn nicht die äußern Formen der Höflichkeit die innere Roh=heit verdeckten und die Gesellschaft eines solchen Menschen er=träglich machten.

Wenn wir so Gründe genug sehen, die das Beibehalten der Höflichkeitsformen nothwendig machen: so dürfen wir doch nie vergessen, daß die Höflichkeiten nur ein nothwendiges Ue=bel sind, um größere Unbequemlichkeiten zu vermeiden; wir dürfen ferner nicht vergessen, daß wir Alle durch die Verede=

lung unseres eignen Innern und durch die Verbreitung redlicher und tüchtiger Gesinnung dazu beitragen können, endlich einmal in die Stelle der unnatürlichen, erzwungenen Förmlichkeiten ein natürliches, offenes und freies Betragen zu setzen; wir dürfen endlich nie vergessen, daß jedes Zeichen der Erniedrigung und Herabwürdigung, wie höflich es auch sein mag, verächtlich ist. Deßhalb darf uns auch nicht jeder Wunsch und Wink eines Vornehmern als Befehl gelten, dem wir unbedingten Gehorsam schuldig sind. Schon der Gehorsam überhaupt ist nur eine Tugend des Knaben, oder eine Nothwendigkeit der Verhältnisse; der tüchtige Mann übt am liebsten die freie That. Und der Grundsatz: „Wunsch und Wink eines Höheren müssen als Befehl geachtet werden,"*) — wenn er uns auch nur in Bezug auf gleichgültige Dinge gelehrt würde: doch ist er gefährlich! — Wie nahe liegt es, einen solchen Grundsatz allgemein anzuwenden, ihn unvermerkt auf alle Verhältnisse und Beziehungen des Niederen zum Höhern auszudehnen? — Wie leicht könnten wir verleitet werden, denselben Grundsatz auch auf Dinge zu übertragen, bei denen wir Ehre und Gewissen auf's Spiel setzen müßten? — Und wer könnte auch immer gleich die Grenze finden, wo das Gleichgültige aufhört, und das Wichtige und Bedeutsame beginnt? —

Welche furchtbare Lehre ist also jene, wie niederdrückend für Die, welche nach freier, sittlicher Selbstbestimmung streben! — Nein, meine Herren, den Grundsatz müssen wir entschieden zurückweisen. Wer ein tüchtiger Mensch werden will, darf sich nie das selbstständige Urtheil in Dingen der Sittlichkeit rauben lassen. Ordnen wir das eigne Urtheil einem Andern unter, so darf es nur dann sein, wenn uns die höhere Einsicht desselben eines Bessern belehrt, und er dadurch unsere Ueberzeugung für sich gewinnt. Denn verwerflich ist es freilich, wenn wir von dem Besseren überzeugt, doch aus Leidenschaft, Eigensinn oder Eitelkeit an unserer verkehrten Meinung festhalten.

Schließlich, meine Herrn, fragt sich, welches Ergebniß uns meine Bemerkungen über den Werth der Höflichkeitsformen aufstellen? — Es möchte kurz also lauten: Die Höflichkeitsformen sind keineswegs gut, noch wahr, noch schön, sie sind vielmehr im Allgemeinen eine Lüge; aber ihre Beibehaltung ist auf unserem Standpunkte der sittlichen Entwickelung

---

*) Dieser Grundsatz wurde in einem wenige Wochen zuvor gehaltenen Vortrage von dem Herrn Baron Seld ausgesprochen.

im Allgemeinen noch etwas Nothwendiges, und wir dürfen sie beobachten, wenn sie nämlich nicht knechtisch und kriechend sind, und wenn unser Inneres nicht geradezu im Widerspruch mit ihrer Aeußerung steht. Wer indessen von sich die Ueberzeugung hegen darf, daß er recht ernst danach strebt, ein tüchtiger, braver und guter Mensch zu sein, ein Mensch, welcher sittlich denkt und empfindet: Der braucht nicht viel danach zu fragen, ob Das, was er thut, und sagt, auch mit den Höflichkeitsformen übereinstimmt. Denn ein treues Wort und eine gute That sind besser, als die besten Höflichkeitsformen der Welt.

9. Die Standesvorurtheile.

Meine Herren!

Es giebt viele Uebel, welche die Entwicklung der Menschheit zu ihrem hohen Ziele — der Sittlichkeit — hemmen; Uebel, die dadurch um so verderblicher sind, daß sie seit Jahrtausenden walten, und durch ihr Alter und ihre Allgemeinheit eine gewisse Berechtigung gewonnen haben. Zu diesen gehören die Standesvorurtheile. Ueber ihre Entstehung, ihre Geltung und ihren Einfluß auf unsere gesellschaftlichen Zustände zu sprechen, wollen Sie mir erlauben.

Ehe sich Standesvorurtheile bilden konnten, mußten sich verschiedene Stände gebildet haben. Das geschah schon in den frühesten Zeiten der Menschheit, in dem grauesten Alterthum, aus dem uns alle geschichtlichen Nachrichten fehlen. Aber wir haben doch in den ältesten geschichtlichen Urkunden wenigstens Andeutungen über die Zustände, welche früher geherrscht. Aus diesen Andeutungen nun und aus den Erfahrungen, daß unter ähnlichen Verhältnissen von den Menschen überall und zu allen Zeiten Aehnliches geschieht, können wir schließen, daß die früheste Verschiedenheit der Stände in dem Unterschied zwischen Herren und Knecht bestanden habe. Dies einfachste Verhältniß des Unterschiedes wurde aber ein zusammengesetzteres, als aus den herumschweifenden Fischern und Hirten hier und dort Völkerstämme mit festen Wohnsitzen entstanden, welche durch eine geordnetere Thätigkeit auch zu größerem Wohlstande gelangten und sich mannichfache Lebensbequemlichkeiten schufen; darüber aber auch an kriegerischer

Tüchtigkeit verloren. Rohe, kriegerische Stämme, angelockt durch den Wohlstand und die Schwäche der Ansiedler, kamen über sie und machten sich zu Herren des angebauten Landes. Die Sieger bedurften aber der Besiegten, um den einmal begründeten Wohlstand und die sich an diesen knüpfenden Bequemlichkeiten fort zu erhalten. Die Sieger bildeten den Krieger=, die Besiegten den Arbeiterstand. In die Stelle zwischen Beide trat der Priesterstand. Der Priesterstand ging in den meisten Fällen aus den Besiegten hervor, da sich annehmen läßt, daß der Religionsdienst bei dem ansässigen Stamme schon mit einem gewissen Glanz verbunden war, welcher die rohen Gemüther der Sieger anzog. Dazu kam die höhere geistige Bildung und Gewandtheit der Besiegten, welche die Feststellung eines besondern Priesterstandes aus dem Stamme dieser noch begünstigte. Krieger, Priester und Arbeiter finden wir auch überall in den ältesten Staaten, und sie bilden die ältesten Stände. Der Krieger= und Priester= stand lebte von dem Schweiß und den Mühen der Arbeiter. Daß solche Stände aus der Unterdrückung hervorgegangen, ist sehr einleuchtend. Denn kein Mensch wird — wie Friedrich der Große sehr richtig sagte — zu einem andern Menschen sprechen: „Komm, sei mein Herr und mißhandle mich." — Vernünftiger Weise soll jeder Mensch, der leben will, auch arbeiten; also sollte man auch nicht zwischen arbeitenden und nicht arbeitenden Klassen unterscheiden; es sollte in dieser Beziehung nur einen Stand, nämlich thätige, arbeitende Menschen geben, wobei freilich die Arbeit der mannigfachsten Art — geistige oder körperliche sein kann. Aber es sollte nur Niemand unnütz da sein, es sollte sich Jeder schämen, sich von den Mühen und Lasten seiner Mitmenschen füttern zu lassen, und seinen Arbeitsantheil auf diese zu wälzen.

In den Staaten, wo die Verhältnisse zusammengesetzter wurden, Staat und Volk sich immer künstlicher ordnete: da zerfiel der Stand der Arbeiter wieder in mehrere Stände — namentlich in Kauf= leute, Handwerker und Ackerbauer. Je klüger die Priester, und je mächtiger die Krieger waren, um so mehr suchten sie sich und ihren Nachkommen die Vortheile ihres Standes zu sichern; indem sie alle Stände erblich machten, so daß der Sohn stets wurde, was der Vater gewesen. Solche erblichen Stände heißen: „Kasten;" und die älteste und strengste Ein= theilung des Volkes nach Kasten finden wir bei den Urbe= wohnern Indiens, den Hindus. Die vier Kasten, welche hier bestehen, sind: 1) die der Braminen oder Priester, die

auch Aerzte und Richter waren; 2) der Chaſtriya oder Krieger, aus denen auch die Fürſten; 3) der Vaiśya, Kaufleute,
Landwirthe, Hirten; 4) die der Sudra, welche die Handwerke betrieben. Zu den niedrigſten Geſchäften aber ſind die
Paria beſtimmt, welche als unrein gelten und aus Ehen der
drei erſten Kaſten mit der vierten geboren werden. Die
Aegypter zerfielen in die Kaſten der Prieſter, Krieger, Ge-
werbtreibenden, zu denen die Kaufleute, Handwerker und Land-
bauer gehörten; die 4te Klaſſe bildeten die Dolmetſcher, die
5te die Fiſcher, die 6te die Rinderhirten, die 7te die Sau-
hirten. Je edler die Völker waren, um ſo mehr arbeiteten
ſie ſich los von den künſtlich gemachten Unterſchieden. Bei
den Athenienſern, dem gebildetſten und freieſten Volke, be-
ſtanden unter den Bürgern gar keine Unterſchiede: Jeder hatte
dieſelben Rechte, wie der Andere, konnte zu denſelben Stellen
in der Staatsverwaltung gelangen. Bei unſern Voreltern,
den alten Deutſchen, war es ganz eben ſo. Es gab unter
ihnen nur Freie und Unfreie, jeder andere Standesunterſchied
fiel weg. Erſt als ſie die ehemals römiſchen Provinzen,
Frankreich, Spanien, England und Italien eroberten und ſich
hier feſtſetzten, entſtanden unter den Deutſchen die mannich-
fachſten Abſtufungen. Sie ſchienen ſich gleichſam dafür ent-
ſchädigen zu wollen, daß ſie bisher des Glücks entbehrt hatten,
in viele Klaſſen zu zerfallen; und ſo haben ſie denn auch ſo
zahlreiche Unterſchiede hervorgebracht, wie kein Volk des Alter-
thums ſie beſaß. Ich will nur einige anführen, wie Fürſten,
Grafen, Barone, Edelleute, Vollbürger, niedere Bürger, Pfahl-
bürger, Vollbauern, Halbbauern oder Coſſäthen, Laſſiten,
Büdner, Häusler, Tagelöhner u. ſ. w. Im geiſtlichen Stande
gab es nun vom Pabſt hinunter bis zum Küſter eben ſo
zahlreiche Klaſſen. Die meiſten der weltlichen Stände waren
durch gewiſſe Rechte oder durch Herkommen erblich. Daß ſie
es nicht alle wurden, und daß ſich nicht eben ſo, wie bei den
Hindus und den Aegyptern, bei uns feſte Kaſten ausbildeten,
verdanken wir vorzugsweiſe dem Umſtande, daß es die Päpſte
für die Würde und Herrſchaft der Kirche zweckmäßig hielten,
das Cölibat, d. h. die Eheloſigkeit der Prieſter geſetzlich zu
machen. So war es unmöglich, daß ſich ein erblicher Prieſterſtand gründen konnte. Ohne einen erblichen Prieſterſtand
mußten aber auch die Verſuche des Adels, ſich ſtreng von
dem Volke zu ſondern, vergeblich bleiben; denn der Prieſterſtand hatte nun kein Intereſſe daran, dieſe Sonderung, wie
bei den Indiern und Aegyptern als ein Gebot Gottes, als

eine Einrichtung darzustellen, die von Gott selber ausgegangen sei, und irdische und ewige Strafen über Den zu verhängen, der es wagen würde, diese geheiligten Schranken zu durchbrechen. Von einzelnen Priestern ist zwar auch diese Lehre vorgetragen worden und wird vielleicht noch heute vorgetragen; aber nicht mit dem Nachdruck und mit der Uebereinstimmung, mit welcher es hätte geschehen müssen, wenn der Priesterstand bei uns ein erblicher geworden wäre.

Wenn wir uns erinnern, wie der Unterschied der Stände aus der Unterwerfung eines Volksstammes durch den andern hervorging, so ist es auch sehr erklärlich, daß ein Stand den anderen als den schwächeren geringschätzte und verachtete, während dieser jenen fürchtete und aus Furcht ehrte. Je mehr aber ein Mensch geehrt wird, um so besser muß er sich dünken und für um so schlechter den Anderen halten. Weil er aber in der That nicht besser ist, so sucht er sich wenigstens durch äußeren Prunk und durch ein stolzes, anmaßliches Betragen von ihnen zu unterscheiden. Der Niedere aber, welcher ihn durch seine Huldigungen zu eben diesem Betragen verleitet, fühlt sich bald durch dasselbe um so mehr verletzt, je weniger er jenen für besser hält, als sich selbst. So wie man nun von beiden Seiten die Wahrheit, welche hinter dem gegenseitigen Verhalten steckt, bemerkt: dann werden auch alle Vorurtheile lebendig. Der Vornehmere glaubt, daß jeder Niedere ihn beneide, selbst hasse; der Niedere, welcher nicht die vornehme Art des Betragens erlernt hat, erscheint dem Höheren gemein roh, ungebildet. Darin findet er eine Entschuldigung für die Zurückhaltung und die Schroffheit, mit welcher er den niederen Menschen begegnet, der doch, wie er sehr wohl weiß, sein Bruder ist. Der Niedere wiederum hat gegen den Höheren das Mißtrauen, daß er es nie ernstlich gut mit ihm meine, daß der Höhere nur so lange freundlich mit ihm umgehe, als er ihn zu seinen Zwecken gebrauchen könne.

Wenn Dies im Allgemeinen die Gesinnung ist, mit welchem sich der Höhere und Niedere gegenüber stehen, so wird bei uns das Verhalten der Menschen unter einander durch die verschiedenen Stufen, auf welchen sie einander näher oder ferner stehen, in der mannigfaltigsten Weise bestimmt und geändert. Ein Hauptgegensatz findet sich zwischen Bürger und Soldat. Dieser Gegensatz ist bei uns, wo der Soldat aus dem Bürgerstande hervorgeht und nach kurzer Dienstzeit wieder in diesen zurücktritt, kaum zu erklären. Aber es ist unläugbar, daß ein Vorurtheil zwischen beiden Ständen herrscht.

Der junge Mann hört, während er Soldat ist, von einer militairischen Ehre reden; und je beschränkter er ist, um so mehr glaubt er, diese Ehre — die ihm höchstens als Rekrut von einem Unteroffizier fühlbar gemacht wird — bestehe darin, daß er jeden Bürgerlichen verachte und mit Spottnamen belege. Der Bürgerliche, wenn er nicht gebildet genug ist, eine solche Beschränktheit und Rohheit zu bemitleiden, wirft dem Soldaten vor, daß er von dem Bürger sich müsse füttern lassen, daß er ein Tagedieb sei und dergleichen. Und wo nun Bürger und Soldat zusammentreffen, blicken sie einander mit verdächtigendem, mißtrauischem Blicke an, die doch Söhne desselben Vaterlandes, oft desselben Standes, jedenfalls aber Menschenbrüder sind. Wenn sie gegeneinander nur dem Vorurtheil entsagen wollten: sie würden gar leicht finden, daß sie dasselbe Herz für Wahrheit und Recht in der Brust tragen. — Aehnlich, wie zwischen Bürger und Soldat, walten Vorurtheile zwischen Beamten und Bürgern. Die Beamten, welche mit der großen Masse des Volkes verkehren, haben oft eine schwere Aufgabe, und es ist ihnen häufig nicht zu verargen, wenn ihnen der Zorn aufwallt; aber sie gewöhnen sich dabei gar leicht, nie anders als zornig mit dem Volke umzugehen. Daß das Volk sie deßhalb haßt und ihnen in jeder Weise den Dienst erschwert, ist eine ganz natürliche Folge. Das Volk überträgt dann leicht seinen Haß von einem Beamten auf alle; so wie diese auch bald in dem Volke nichts sehen, als eine feindliche Masse, die mit strenger Gewalt gezügelt werden muß. Dann fordert der Beamte von dem Bürger den unbedingten Gehorsam, welchen wol das Gesetz, nie aber der Mensch vom Menschen fordern darf. So begründet sich ein gegenseitiges Vorurtheil, welches dann so thöricht ist, wie das zwischen Soldat und Bürger. Denn das Interesse auch des Beamten und Bürgers gehen Hand in Hand; denn sie bilden bei uns ja keine geschlossene Kaste, sondern der Bürger oder seine Söhne können Beamte und die Beamten und ihre Söhne Bürger werden.

Wie in diesen großen Gegensätzen die Söhne eines und desselben Vaterlandes sich gegenüber stehen, so auch durch die Unzahl kleiner Abstufungen von dem Bettler bis zum Fürsten hinauf, so auch selbst oft ein Handwerk gegen das andere und innerhalb dieser gewöhnlich der Meister gegen den Gesellen, der Geselle gegen den Lehrling. Jeder hat das Vorurtheil, daß der Andere sich überheben und ihn unterdrücken wolle. Wie empfindlich ihm selbst nun Das auch ist, so bemüht er sich doch nicht, gegen Den, welcher unter ihm steht, wohlwollender, menschenfreundlicher zu sein, als der zunächst über ihm Stehende es gegen ihn ist. Das ist ein Fehler der meisten Menschen, daß sie immer nur über sich hinaufschauen und verlangen, der über ihnen Stehende solle sie wie Seinesgleichen behandeln; aber sie hüten sich wohl, auf Den hinzublicken, der unter ihnen steht, und sie hüten sich wohl, diesen zu sich heraufzuziehen. Die Schranke, welche ihn von dem Höheren trennt, will Jeder niedergerissen sehen, aber an der, welche ihn von dem Niederen scheidet, soll Niemand rütteln. Während Niemand die Gründe gelten lassen will, welche der Höhere anführt, wenn er sich von dem Niederen sondert; will Jeder, daß die Gründe gelten sollen, aus denen er sich von dem Untergeordneten trennt. Aber auf solche Weise werden wir nie einander näher rücken, werden wir immer Bauer, Bürger, Edelleute, Soldaten, Beamte u. s. w. bleiben, aber nie wahre Menschen werden. Der Grund, welchen man am häufigsten hört, um die gezogenen Schranken gegen den Unteren aufrecht zu erhalten, lautet: der Untergeordnete würde die nöthige Achtung, den Respekt aus den Augen setzen, wenn man ihn wie Seinesgleichen, d. h. wie ein vernünftiges Wesen behandelte. Der Grund ist sehr wahr, wenn man den Unteren nicht zu einem Menschen, sondern nur zu einer Maschine machen will; aber Das ist eben so entehrend für den Höheren, wie für den Niederen. Der Höhere bekennt damit, daß er nicht die Tüchtigkeit der Gesinnung und des Charakters und die Ueberlegenheit in seinem Fache besitze, durch welche er sich unter allen Umständen den erforderlichen Respekt würde zu erhalten wissen. Besitzt er aber nicht diese Tüchtigkeit und Ueberlegenheit, so verdient er auch nicht den Respekt des Untergeordneten, und besitzt er jene, so wird ihm dieser von selbst zufallen. Freilich ist es schwerer, ein tüchtiger Mensch zu sein, als auf schuldige Achtung zu trotzen. Aber wir, meine Herren, die wir hier in diesem Kreise uns als Freunde und Menschenbrüder treu die Hände reichen — wollen auch außerhalb desselben, uns vor jeder Anmaßlichkeit und jeder Bedrückung des Niederen bewahren, wir wollen stets bedenken, daß es die schönste Aufgabe ist, die Erhebung unseres Mitmenschen zur Sittlichkeit zu fördern, und daß es die größte Schmach ist, unsern Bruder herabzuwürdigen und zu entsittlichen.

MIX
Papier aus verantwortungsvollen Quellen
Paper from responsible sources
FSC® C105338

If you have any concerns about our products,
you can contact us on
ProductSafety@springernature.com

In case Publisher is established outside the EU,
the EU authorized representative is:
Springer Nature Customer Service Center GmbH
Europaplatz 3, 69115 Heidelberg, Germany

Printed by Libri Plureos GmbH
in Hamburg, Germany